全民阅读体育知识读本

曲棍球、垒球——激烈的对抗运动

盛文林/著

台海出版社

图书在版编目（CIP）数据

曲棍球、垒球：激烈的对抗运动 / 盛文林著. -- 北京：台海出版社，2014.7

（全民阅读体育知识读本）

ISBN 978-7-5168-0415-5

Ⅰ.①曲… Ⅱ.①盛… Ⅲ.①曲棍球运动-基本知识②垒球运动-基本知识 Ⅳ.①G849.1②G848.2

中国版本图书馆 CIP 数据核字(2014)第 174911 号

曲棍球、垒球：激烈的对抗运动

著　　者：盛文林

责任编辑：王　艳　　　装帧设计：视界创意

版式设计：林　兰　　　责任印制：蔡　旭

出版发行：台海出版社

地　　址：北京市朝阳区劲松南路 1 号　邮政编码：100021

电　　话：010-64041652(发行,邮购)

传　　真：010-84045799(总编室)

网　　址：www.taimeng.org.cn/thcbs/default.htm

E-mail：thcbs@126.com

经　　销：全国各地新华书店

印　　刷：北京一鑫印务有限公司

本书如有破损、缺页、装订错误,请与本社联系调换

开　　本：655×960　　1/16

字　　数：130 千字　　　印　　张：12

版　　次：2014 年 10 月第 1 版　　印　　次：2021 年 6 月第 3 次印刷

书　　号：ISBN 978-7-5168-0415-5

定　　价：29.60 元

前　言

曲棍球的全称叫草地曲棍球，也叫硬地曲棍球，它有着悠久的历史，是最古老的体育运动项目之一。

关于曲棍球的起源众说不一，大多数人认为，曲棍球运动起源于古波斯，最终在英国得以发展和传播。中国在唐代就流行“步打球”，比赛时分两队，队员各持下端弯曲的木棍徒步击球，以击入对方球门多者为胜，其运动方式与现代曲棍球也很相似。

尽管历史上各地类似曲棍球运动的名称不同，打法也有所差异，但基本形式却完全一致，都是用一端弯曲的木棍，去击木质的圆球，并以击入对方球门为最终目标。这不仅构成曲棍球的基本特点，而且是现代曲棍球运动的基础。

20 世纪 80 年代，我国开始参加各类国际曲棍球比赛，取得了一系列优异成绩。特别是中国女子曲棍球队进步较快。在 2000 年悉尼奥运会上获得第五名，2002 年获得第 10 届冠军杯赛冠军，第 14 届亚运会冠军，第 10 届世界杯第三名，在 2004 年雅典奥运会上获得第四名，2008 年北京奥运会获得了银牌，创造了中国曲棍球运动史上的最好成绩。

垒球运动的起源和发展深受美国棒球运动的影响，当时被誉为“室内棒球”。垒球运动是一项集体对抗运动，也是球类运动中最富有田径特色的运动项目。它的传接球、击球和跑垒等，与田径运动中的投掷和奔跑动作十分相近，比较容易掌握。在完成这些技术动作时，要求参加者具备速度、力量、灵敏、柔韧等身体素质。比赛时，攻守截然分开，运动量、技术动作适当，具有游戏性、竞赛性、灵活多变和集体性等球类运动的共同特点。比赛场地可大可小，适合各种年龄和不同性别的人参加。

自从1996年亚特兰大奥运会上中国女垒获得银牌的战绩，垒球运动在我国发展迅速，成为人民群众喜欢的项目之一。许多中小学都开展了垒球课程。

本书详细地介绍了曲棍球、垒球运动的项目起源、发展、竞赛规则、场地设施、项目术语、技术战术、裁判标准、赛事组织、礼仪规范、明星花絮、历史档案等内容。本书的编写对喜欢曲棍球、垒球运动的青少年提供了丰富的资料，为青少年普及、推广曲棍球和垒球运动添加一份力量。

目　录

PART 1 项目起源

曲棍球运动起源

在古代遗迹中的发现

曲棍球（Hockey）这一名称起源于法语，意思是牧羊人的棍杖。作为世界上历史最悠久的体育项目之一，曲棍球的出现要比最初的奥林匹克运动会早 1200 年或者更多。

曲棍球的全称叫草地曲棍球，也叫硬地曲棍球。

关于曲棍球的起始，在国际上众说不一，能够旁证曲棍球起源的文物和史料，在许多国家都有所发现。

最早的“考证”可以追溯到公元前 2000 年。在埃及尼罗河流域的贝尼·哈桑（Beny Hasson）发现的第十六个坟墓的壁画上，有两人相对而立且手持弯曲木棍彼此交互重叠，这很可能就是现代曲棍球运动的前身。另一个“证据”是 1922 年在雅典海岸防波堤上发掘的古代遗迹中，雕刻在坡壁上的一幅浮雕，描绘着 6 个球员参加一种类似曲棍球的游戏。浮雕中，4 人持棍在旁站立，中央两位似做曲棍球的争球动作，与现代曲棍球的争球方式十分类似。

在埃及金字塔和古希腊壁雕上都有类似于现代曲棍球比赛的图像。

美洲的印地安人中，也有对他们祖先从事曲棍球游戏的记载和传说。

比较晚些的史料和纪念物，可以追溯到12~16世纪。12世纪初，出现了一种苏格兰人称之为“Shinty”的类似曲棍球的游戏，即学生式的曲棍球运动，爱尔兰人把这项运动称为“hurley”。威尔士和英格兰人则开展一种名叫“bandy”类似曲棍球的运动。那时伦敦的学生也开展一种曲棍球运动，他们称之为“草地球”。到亨利三世（1216~1272年在位），还建立了皇家俱乐部，取名“玩球俱乐部”（Club Ball）。这项运动在英国南部一直盛行，到14世纪末，在爱德华三世达到鼎盛时期。这一时期的活动对于16世纪的曲棍球运动有着重要的影响。

尽管历史上各地类似曲棍球运动的名称不同，打法也有所差异，但基本形式却完全一致，都是用一端弯曲的木棍，去击木质的圆球，并以击入对方球门为最终目标。这不仅构成曲棍球的基本特点，而且是现代曲棍球运动的基础。

历史学家认为，曲棍球运动在许多国家的古文明时期就已经出现了。在中国、印度、波斯等国也有历史记载。依据推论，古代人类就曾以树枝和棍棒打击或滚动球状物，用以庆贺凯旋；或向固定的目标物滚掷石头，或用棍杖逗弄圆石滚转自娱。这些活动经过漫长岁月的演变和不断改进，渐渐演化成曲棍球运动。

中国唐代的曲棍球运动

现代曲棍球运动的强国虽然大都是澳大利亚、巴基斯坦、英国等英联邦国家，但在中国，曲棍球运动的历史却远比这些国家悠久。我国有关曲棍球运动的记载，在唐代就有了。那个时候，曲棍球叫“步打球”，与当代曲棍球运动极其类似。

唐朝诗人王建曾赋诗描写宫女们表演“步打球”的情景：“殿前铺设两天楼，寒食宫女步打球，一半走来争跪拜，上棚先谢得头筹。”这首诗描写的是宫女在寒食节这天，在宫殿前给皇帝表演曲棍球时的情景。“步打球”的形象，还可以从保存至今的两条唐代花毡上见到（现保存在日本奈良东大寺佛殿西北的正仓院北仓内），这是两条各长2.36米，宽1.24米的花毡。中央各织1个儿童，左手拿着曲棍球杆作接球状，周围织着花朵，球杆与现代曲棍球相似。如今保存在大英博物馆中的一只唐代彩色花瓶，也印证了唐代曲棍球运动的存在，这个花瓶上的图案描绘了唐代儿童打曲棍球时的情景。在北宋，曲棍球有了另外一个名字——“步击”；到了辽代，契丹人中盛行的曲棍球运动，《辽史》中称为“击鞠”。

中国“曲棍球”在唐代称为“步打球”

达斡尔族人的贡献

辽代以后，曲棍球运动在我国其他民族中逐渐消失，唯有在达斡尔族中保留至今。现在的达斡尔族人所用的球杆，形状与唐代花毡上“步打球”所用的球杆极其相似。

达斡尔族人是契丹人的一个分支，现在的达斡尔族人主要聚居在自然环境较为优越的松嫩平原嫩江两岸，其人口最为集中的莫力达瓦达斡尔族自治旗内，有较大的平原和水草丰美的天然牧场，森林资源也非常丰富。优越的地理气候环境，为达斡尔族人开展曲棍球运动提供了天然的草皮，也许，这是达斡尔族人能将曲棍球运动继承并发展至今的重要原因。

达斡尔族人对曲棍球运动情有独钟，无论春夏秋冬，无论男女老少，只要有球，都能挥杆上阵，激战一番。曲棍球也与达斡尔族人的生活密切相关。过去姑娘们出嫁时要带上一根精美的球杆，以示对心上人的赞美和期望。达斡尔语把曲棍球运动称作“贝阔他日克贝”，曲棍称为“波依阔”或者“贝阔”，曲棍球称作“波列”。“贝阔”多用根部带弯度的嫩柞木制成，木质坚硬而富有弹性，便于击打；“波列”则是用杏树根块或毛毡加工而成，有拳头般大小。大人一般用木球，小孩一般用毛球。

鉴于达斡尔族人对这项古老运动的历史贡献，1986 年，国家体委正式命名莫力达瓦达斡尔族自治旗为“曲棍球之乡”。2006 年 5 月 20 日，经国务院批准，达斡尔族人的曲棍球运动被列入第一批国家级非物质文化遗产名录。

垒球运动起源

棒球的“孪生姐妹”

垒球运动（Softball）的起源和发展深受美国棒球运动的影响，与棒球有“孪生姐妹”之称，它们在比赛方法和器材等方面都极为相似，因此极易被人们混淆。

由于棒球运动需要的场地太大，雨雪天气时无法在室外活动，1887 年在美国芝加哥，人们首先将棒球场缩小并移至室内进行，时称“室内棒球”。

垒球运动的产生是极具戏剧性的。在 1887 年的一场美式橄榄球比赛中，耶鲁大学击败了老对手哈佛大学。赛后，在芝加哥弗拉加特的划船俱乐部举行的庆祝活动中，一个耶鲁毕业生将一个拳击手套掷向一名哈佛学生，哈佛学生则试图用一根扫帚棍击打这个手套。在场的芝加哥商报记者乔治·汉考克当时觉得很有趣。不久之后，拳击手套变成了圆球，棍子变成了球棒，划船俱乐部发展成了芝加哥室内运动中心。垒球——这项类似棒球的运动由此诞生了。

同美国三大运动之一的棒球相比，垒球所需的场地小、球体大、球速慢（因为垒球运动的规则规定在抛球过程中，手必须要在肩下）。由于以上诸多优点，垒球运动很快风靡美国各地区。

为了有别于棒球，于1933年正式取名为“垒球”，成立美国垒球协会并举办全美男、女垒球比赛。次年又制定统一的规则，逐渐流行世界各地。1952年成立国际垒球联合会。

成年人垒球比赛分“快投”与“慢投”两种。

“快投垒球”为竞技比赛项目。“慢投垒球”是20世纪后期由棒垒球运动衍生出来的新兴休闲体育运动项目，它继承了棒垒球运动团结协作、勇敢、智慧的特点，突出了棒垒球运动的游戏性，同时简化了复杂的棒垒球规则，降低了击球难度，形成了简单易学、运动量适中、男女老少可以同场竞技等大众化活动特点。慢投垒球运动一经推出，受到大众的广泛欢迎，并在全世界得到了迅速发展，成为群众喜欢的一项全民健身运动项目。

垒球与棒球的区别

垒球与棒球有很多相同之处，但它们之间的区别也很大，主要差异有：

（1）垒球使用的球比棒球大。

（2）垒球各垒之间相距18.3米（60英尺），而棒球垒与垒之间的距离为27.45米（90英尺）。

（3）在垒球中，投球距离为12.2米（40英尺），而棒球的投球距离为18.4米（60英尺6英寸）。

（4）垒球的投球手采用下手臂运动投球，而棒球投球手则采用举手过肩的办法投球。与棒球的投球手不同，垒球投球手不在突出的土墩上掷球。

（5）在垒球中，跑垒员在球投出掷前必须保持一只脚落在垒包上，而棒球却没有此项规定。

（6）垒球有七局，而棒球有九局。

（7）垒球在第一垒有一个安全垒，即附加在普通的白色垒旁边的橙色垒，用来避开冲撞。跑垒员必须跑到橙色的安全垒，而第一垒球员必须跑到白色垒。而棒球则无此规定。

PART 2 历史发展

曲棍球运动的历史发展

现代曲棍球的故乡

一般认为，现代曲棍球运动主要是在英国发展推广起来的。早在19世纪初期，英国的中、小学首先开展了曲棍球活动，并逐渐在英吉利三岛将类似的曲棍球运动统一称之为“Hockey”。在这种活动推动下，1852年出版了世界上最早的一本关于曲棍球的书，书名叫《曲棍球竞赛规则》(Rules for the game of Hockey)。全书共分八章，有关学生参加比赛的方法，队的划分组成，有关比赛用具和服装等等，都分别作了说明。关于比赛的规则只有简单的十一条。

最初的规则将参加比赛的人数作了较为灵活的规定，每方上场人数为13～30人，但双方同时上场人数必须对等。没有换人的规定。

规定球门的大小如同足球的球门，因为当时足球已经很盛行。在曲棍球发展过程中，受足球影响较大，相似的规定很多。

规定以中线争球的方式为开球和每次进球后的重新开球。这一规定一直延用到1979年9月，以后才改变由中线发球。

那时还规定可以用身体任何部位停挡球，只是不允许抓球和抛球，不准用反手击球，也不许从左侧抢球和击球，这主要是为了安全。

当时的球场只有端线而没有边线。球出端线继续比赛，如果攻方打出端线即为死球。

最有趣的规定是：用罚款的方法来确保运动员尽可能地去遵守规则，规定每犯规一次罚款一先令。

那时的裁判员是手举小旗子在场内随球跑来跑去进行工作的。

这些规定对后来曲棍球运动的发展起了重要的推动作用，也为规则的制定和完善打下了基础。

第一个曲棍球俱乐部

1875～1876年，首先在英国南部成立了第一个曲棍球俱乐部。到1886年成立了曲棍球协会（Hockey association），同时制定了较为统一的简单规则，开展了比赛活动。曲棍球器材、比赛方法等逐步完善。

1889年进行了第一次国际性的比赛，当时只有英格兰、苏格兰和北爱尔兰参加了比赛。这次比赛不仅使曲棍球运动得以推广和扩大了影响，而且使运动本身达到进一步的统一且又别具风格。比赛促使规则更加完善合理。

1890年以后，由于比赛的推动和主要受足球的影响，比赛规则发生了很大变化：把双方参加比赛的人数固定为11人；场地有了明显的界线和大小尺码，规定长91.4米（100码）、宽55米（60码），同时增加了有关球出端线罚角球的规定，球出边线执行滚入边线（用手）的规定；球门缩减为宽3.66米（4码）、高2.14米（7英尺）（此规定至今未变），并把足球比赛中越位的规定用到曲棍球比赛中来。为了安全起见，从这时起，规定比赛中任何队员都不得举棍超肩。

对于曲棍球的发展起决定性作用的是出现了射门区的规定。射门区半径当时规定为13.7米（15码），现为14.63米（16码）。只有在这个区域内才能射门得分。这一规定的创建给曲棍球的发展带来生命力，也使它别具一格而区别于其他球类比赛。它不仅使比赛形式发生根本变化，而且使防守和进攻的焦点集中在这一区域内。从这时起才真正建立起“战术”这个概念。随后在这一基础上，1901 年开始出现罚短角球的规定，形成了现代曲棍球的独特风格，把竞赛引向玄妙和趣味之中。

现代曲棍球流传世界各地

19 世纪末，法国、丹麦、德国和捷克斯洛伐克、比利时、西班牙等国，都先后受英国影响，间接或直接引进曲棍球运动。随着大英帝国的向外扩张，现代曲棍球运动逐渐流传于世界各地，至今，所有曾是英联邦的国家和地区都在开展曲棍球运动。

相传丹麦的曲棍球运动是由革但斯克体育学院教授克努德森（Knudsen）于 1899 年从英国带回两根球棍和几个球而开始的。据说 20 世纪 60 年代出任丹麦国家曲棍球协会主席的霍尔斯特就是当年第一批学员中最出色的一个。

1899 年，德国在柏林举行了第一次全国性的曲棍球比赛，有趣的是，参加比赛的都是女子，到 1900 年才有男子的比赛。后来前民主德国和前联邦德国都对曲棍球的发展给予极大关注和重视。在 1972 年第二十届奥运会上，前联邦德国队以 3∶0 战胜荷兰后，又以 1∶0 战胜上届冠军巴基斯坦，而荣登冠军宝座，从此前联邦德国跻身于世界强队之中。德国统一后，仍是世界高手。

曲棍球在英国早为女子所喜爱，并在 1901 ~ 1902 年期间成立了女子曲棍球协会，同时开展了比赛活动。到 20 世纪初期，英国大约有近 2000 个曲棍球俱乐部，其中从事曲棍球运动的女子就有近 6 万人。

美国的曲棍球运动开展得比较晚，是 20 世纪 50 年代初兴起的，据说是由一名来自英国的女学生 M. K. 阿莱比小姐传播而开展起来的。所以，至今在美国，曲棍球运动多为女子所喜爱，从事活动的女子人数远远超过男子。

到 20 世纪初期，曲棍球运动已发展为独特而有趣的体育项目，越来越受到世界各地人们的喜爱，成为世界性的体育竞赛项目。

从第四届奥运会开始，曲棍球被列为奥运会正式比赛项目。首先获得奥运会曲棍球金牌的是英国队（1908 年）。

亚运会从 1958 年的第三届开始也有了曲棍球比赛，除首届金牌被印度队获得外，直至第九届亚运会，巴基斯坦队连续六次获得冠军。而第十届亚运会上，韩国队异军突起，以天时、地利之优势，力克群雄，男女双登榜首。

从 1982 年的第九届亚运会起才有正式女子曲棍球比赛，印度队摘取了首届桂冠。

据不完全统计和国际曲联 2013 年所公布的资料，世界上大约有 100 多个国家和地区开展曲棍球运动。国际曲联现有协会会员 118 个，分属国际曲联承认的亚洲、非洲、泛美地区、欧洲和大洋洲共 5 个大洲联合会。除奥运会和亚运会外，还有世界杯赛、世界青年杯赛、冠军杯赛、洲际杯赛和亚洲杯赛。

垒球运动的历史发展

垒球运动的推广

垒球运动的诞生完全是出于一种需要，由于天气和城市环境的影响，棒球运动转移到室内以后，就形成了垒球运动。

随着第二次世界大战中美国势力的扩张，垒球运动在全世界得到了推广。此后，垒球又逐渐成为女子运动。现在全世界有 2000 万人正在进行这项体育运动。

20 世纪 50 年代，垒球项目也从大众游戏转变为竞技体育项目。澳大利亚早在 1947 年就举办了第一届全国女子垒球锦标赛，而相应的男子比赛直到 1984 年才开始。1965 年，在澳大利亚的墨尔本举行的第一届女子垒球世锦赛决赛中，东道主澳大利亚队以 1∶0 击败了美国队，夺得了世界冠军。这次比赛后，快投垒球很快成为了垒球运动的主流运动。

第二届女子垒球世锦赛举行于 1970 年。此后，每隔四年，便分别举办一次男子、女子、青年垒球世锦赛。时至今日，在垒球运动产生百年之后，垒球仍然是全美最受欢迎的运动之一。世界垒球联合会也有了 120 多个成员国家，现任的国际垒球联合会主席是唐·波特。

垒球的奥运发展史

垒球于 1996 年奥林匹克运动会成为正式项目，只设女子组；不过在 2008 年奥林匹克运动会之后被暂时剔除。国际垒球总会将和国际棒球总会合作，把棒垒球合为单一项目，申请重返 2020 年奥运会。自 2014 年起，亚运会棒垒球合为单一项目。垒球目前为奥运会非核心（永久）正式项目，不定期（届）举行。

奥运会垒球比赛共有 8 支球队参加，比赛按快投垒球的规则进行。8 支参赛队中除东道主球队自动入围外，其他 7 支球队则通过各地区的预选赛之后产生。

这 8 支参赛队首先进行大循环赛，每队均要与其他 7 个对手相遇一次。循环赛中排名前 4 位的球队进入佩寄制半决赛，所谓佩寄制决赛，即由第一名球队对第二名球队，胜队直接进入决赛；负队则与第三名球队对第四名球队间的另外一场半决赛的胜队争夺另一决赛席位。在 2000 年悉尼奥运会上，美国队以第四名的身份晋级佩寄制决赛，最后仍然夺得冠军。

PART 3 目前状况

曲棍球运动状况

目前男、女曲棍球世界锦标赛（4 年一次）；作为世界锦标赛预选赛的洲际国家队杯赛（4 年一次）；欧洲男子、女子和青年锦标赛（4 年一次）；欧洲冠军杯赛（每年举行）。此外，受国际曲联监督的还有亚洲、北美和南美洲冠军赛。从曲棍球运动比赛成绩看来，男子队德国、荷兰、阿根廷、英国、新西兰等站在第一纵队。女子队以阿根廷、荷兰、英国、德国为强队。

引进现代曲棍球

我国现代曲棍球运动于 1952 年先后在上海体育学院和成都体育学院进行试点。当时准备参加第十六届奥运会，由于种种原因未能坚持始终。直到 1974 年，国家体委在内蒙古莫力达瓦旗的群众曲棍球活动基础上，组建了青年业余集训队，并引进现代曲棍球的技术和统一规则，使得这一民族传统体育项目得到进一步的发展。

1975 年，国家体委派五人考察组前往巴基斯坦，进行专题考察演习。考察组回国后，于 1976 年在莫力达瓦旗和北京体育学院进行试点，并于同年 10 月调莫力达瓦旗队到北京，同北京体育学院队先后在北京的西单体育场、宣武体育场、北京大学、北京师范大学和北京体育学院等处进行了八场公开表演赛，第一次把曲棍球向广大观众进行了介绍，为后来的曲棍球发展奠定了基础。

加入国际曲棍球联合会

从 1978 年开始，中国有了正式的全国曲棍球比赛。参加第一届全国比赛的共有三个队，他们是莫力达瓦旗队、北京体育学院队和齐齐哈尔队，莫力达瓦旗队获冠军。截至 1983 年年底，莫力达瓦旗队在全国比赛中共获得六次冠军、两次第二名和一次第三名。

1980 年，我国加入国际曲棍球联合会，同年以北京体育学院和莫力达瓦旗队联合组建中国队，第一次参加亚洲杯预选赛，并取得参加决赛的资格。在 1982 年亚洲杯决赛中，中国队以 2∶1 战胜马来西亚队，获得亚洲杯赛的第三名，引起亚洲曲棍球界的重视。

曲棍球作为奥运会、亚运会正式比赛项目，受到各级政府和国家体育总局的关心和支持。男、女子曲棍球分别于 1983 年和 1987 年被列为全国运动会的正式比赛项目。女子曲棍球比赛也于 2003 年被列为第五届全国城市运动会比赛项目。

在国际曲坛崭露头角

中国曲棍球协会有 5 支男子专业队（辽宁、甘肃、广东、天津、内蒙古），8 支女子专业队（吉林、广东、北京、四川、辽宁、甘肃、上海、江苏）。每年举办的全国比赛有：全国曲棍球联赛、全国曲棍球冠军杯赛、全国青年曲棍球锦标赛、全国中学生曲棍球锦标赛，其中全国曲棍球联赛水平最高。

20 世纪 80 年代，我国开始参加各类国际曲棍球比赛，取得了一系列优异成绩。国家男子曲棍球队取得了第一届亚洲杯赛的第三名，第十一届、第十四届亚运会的第五名。国家女子曲棍球队多年来在国际曲坛占有一席之地，曾获得过第一届亚洲杯冠军，第十一届亚运会的第二名，第七届世界杯的第六名，1991 年冠军杯赛的第五名，世界大学生运动会的第二名和洲际杯赛的第二名。

中国女曲是一支给国人带来过诸多惊喜的球队。在韩国教练金昶伯的带领下，中国队 2000 年第一次进入奥运赛场就拿到第五名。此后中国队频频在国际大赛中取得佳绩，在 2002 年世界杯比赛中获得季军，釜山亚运会夺冠。

2004 年雅典奥运会，中国女曲杀入半决赛，惜败无缘奖牌。在 2008 年北京奥运会上，中国队更是闯进决赛创造了历史，最终勇夺银牌。

2010 年 11 月 24 日，广州亚运会女曲决赛，中国队经过点球大战，以 5:4 险胜韩国队，实现亚运会三连冠。

2012 年伦敦奥运会，中国女曲只在小组赛取得了一场胜利，即首场 4:0 大胜韩国。但此后中国队高开低走，未获一胜，最终排名第六。

垒球运动状况

目前垒球美国队是绝对的霸主。国际奥委会决定将垒球列入 2020 年奥运会候选项目。国际垒球总会也在 2012 年 7 月决定和国际棒球总会合并，新设国际单项总会。垒球未来将跟棒球成为单一项目出现在奥运会中。

中国队最好成绩是在 1996 年亚特兰大奥运会上取得银牌。

垒球运动传入我国

垒球运动传入我国的时间比棒球稍晚，当时一些传教士、留学生，以及归国的华侨，是最早的一批垒球运动爱好者。1913 年前后，在上海、北京、广州等大城市都开展了垒球运动。1915 年，菲律宾女子垒球队在第二届远东运动会（上海）上进行了垒球表演赛，标志着垒球这项运动正式进入中国。

一开始垒球运动只在上海一些女子学校和女生中开展，同时先期接触垒球运动的那些传教士、归国华侨、回国的留学生和一些外籍老师都成为了垒球运动的推广者；棒球运动的早期传入，也对国内垒球运动的发展起到了推动作用。新中国成立前的第五届全国运动会上（1933年），女子垒球成为了正式比赛项目，1948 年的第七届全国运动会，增设了男子垒球项目。

快速发展时期

新中国垒球运动在经过 20 世纪 60 年代的一度中断之后，1974 年在国家体育总局的支持下，恢复女子垒球运动为正式的比赛项目，垒球运动也得到了迅速发展。特别是我国的女子垒球运动的水平，在亚洲一直处于领先的地位，20 世纪 80 年代中后期甚至一度达到了国际一流水平。1986 年在新西兰举办的第六届女子垒球世界锦标赛中，中国女垒荣膺亚军；1990 年北京亚运会，中国女垒主场作战获得冠军；中国女子垒球队已多次蝉联亚运会冠军和亚洲锦标赛冠军，并在 1996 的第二十六届亚特兰大奥运会上夺得亚军，确立了中国女子垒球国际强队的地位；同时在 2003 年中国还成功举办了世界青年垒球锦标赛；在 2006 年举办了世界女子锦标赛，尤其是北京成功举办了 2008 年奥运会，也给中国的垒球运动带来了前所未有的历史机遇。

目前我国建有 11 支一线垒球队，其中江苏、辽宁、上海、河南都是其中的佼佼者；经过注册的青少年业余垒球运动员约有 1000 人左右，主要分布在北京、上海、江苏、广东等棒垒球发达地区。虽然目前垒球运动依然受到人员少、经费有限和场地不足的制约，但是由于各地区均有一定垒球运动的基础和传统，因此仍旧保持了较高的竞技水平。每年的全国垒球锦标赛、全国垒球冠军赛和青年赛，是我国垒球的主要赛事。

高校大力开展垒球运动

我国普通高校中棒垒球运动一直持续开展，在 20 世纪 80 年代以来，我国棒垒球运动慢慢从专业体育的附属基层运动组织传播到普通高校。由于当前信息社会交流速度的拓宽与提高，普通高校的学生们拥有了便利的网络资源，通过观看高水平比赛以及精彩的棒垒球动漫，逐渐产生了对棒垒球运动的兴趣和关注，加之部分在我国进修的留学生，以及专业运动员的支持，我国普通高校以学生棒球协会为主要形式，开始了普通高校棒球运动的发展。经过几年的尝试之后，在国家体育总局和教育部的引导下，2003 年在北方工业大学成立了中国大学生体育协会棒垒球分会（简称大棒协），使得高校棒垒球运动正式由自发且松散的阶段走向了有组织有领导的发展阶段，大学生棒垒球赛事也逐渐正规化和趋于完善，我国普通高校业余棒垒球运动的水平也随之提高。中国大学生体育协会棒垒球分会成立 8 年来，成功而有效地开展了多项旨在推广、发展大学生棒垒球运动的活动，扩大了全国高校棒垒球比赛规模，规范了竞赛组织体系。中国大学生体育协会棒垒球分会的会员数量也不断增加，如今全国已有 70 多所高校加入了协会。

从目前高校棒垒球比赛来看，全国具有正规棒垒球运动队的高校约有 50 多所，主要分布在北京、上海、广东、江苏等棒垒球运动较为发达同时经济也较为发达的省市。2004 年 7 月，第一届中国大学生棒球联赛在广州黄村运动基地举行；此后全国大学生棒球联赛每年一届蓬勃开展，2005 年在郑州、2006 年在青岛、2007 年在北京，2008 年因为北京奥运会的关系，暂停举办一年之后，2009 ~ 2011 年又先后在桂林、上海、广州举办了全国高校大学生棒球联赛。2004 年在南京也举办了首届大学生垒球锦标赛。从 2005 年开始，全国高校棒球和垒球比赛都在同一地点举行，促进了高校之间的互动交流，也使得很多学校同时派出棒球队和垒球队参加比赛，这也扩大了我国普通高校棒垒球运动的人才厚度。

进一步分析可以发现，北京、广州和上海等城市的大学生棒垒球开展最为突出，目前中国大学生棒垒球队伍主要集中在上述三个城市，也形成了以这三个城市带动周边发展的理想趋势。华北地区以北京的北方工业大学、清华大学、北京大学为中心；华东地区以上海外国语大学、南京工业大学、上海交通大学、复旦大学为中心；华南地区以广州体育学院、中山大学为中心，这些高校均在各地区起到了良好的带头作用。

除了上述地区之外，中国高校棒垒球的范围也在不断扩大，如我国西北地区的青海、新疆、西藏等地区也有了大学生队伍，并多次参加全国大学生棒球比赛，而桂林、济南等地的高校，也不懈进行着棒垒球的推广，其中桂林旅游高等专科学校以棒垒球为校园文化建设的基础，集合全校之力推广棒垒球运动，所以该校不但棒球队成绩出色，垒球队的战绩也迅猛提高，已经实现了棒球的四连冠和垒球的三连冠，成为全国一支高校棒垒球劲旅。同时，经过调查了解，东北、西南和西北的很多高校也正在组建棒球队或者已经有了棒垒球协会，中国大学生的棒垒球运动正以令人惊讶的速度，不断地得到普及和开展。全国高校范围内，也广泛地开展了棒垒球运动，在南方有深圳大学，西北的新疆大学和青海师范大学，中部的武汉大学，西南的四川大学、湖南大学等高校均建有棒垒球协会和棒垒球队。

我国普通高校棒垒球发展最普及的，还是北京和上海两个城市，尤其是北京地区的高校棒垒球运动发展更加迅速，每年春夏之交，有多达二十几支棒球队和垒球队分别参加北京高校的棒垒球联赛。其中清华大学是北京高校棒球运动的发源地，他们甚至每个系都有自己的球队，总数达到二十多支，进行两个级别的校内联赛。北大起步稍晚，但是也可以组织起一定规模的校内联赛。其他如北京理工大学、北京师范大学以及北方交通大学，也都有自己的棒垒球队，并且曾经出战全国大学生棒垒球联赛。

PART 4 竞赛规则

曲棍球运动竞赛规则

裁判员

由两名裁判员负责执法比赛，实施规则。他们是公平竞赛的惟一的裁决人。场上队员或替补队员，无论在场上还是场外，包括黄牌或红牌受罚期间，均受这两名裁判员的管辖。

裁判员的职责

两名裁判员在整场比赛中不交换场地。他们的职责是：

（1）主要负责本半场的判罚；

（2）确保比赛打满整场比赛时间或商定的比赛时间；在上下半场到时后因继续短角球的判罚而延长比赛时，负责鸣哨示意上半场或全场比赛的结束；

（3）完全负责本侧边线和本半场端线球出界的判罚；

（4）完全负责本半场内长角球、短角球、点球和进球以及本半场弧内任意球的裁决和判罚；

（5）对进球和罚牌做出书面纪录；

（6）比赛中或中场休息时不得对运动员进行指导。

裁判员在下述情况下鸣哨

(1) 每个半场比赛的开始和结束；

(2) 实施判罚；

(3) 点球的开始和结束；

(4) 必要时示意球已整体出界；

(5) 示意进球；

(6) 进球或判为进球后恢复比赛；

(7) 在未进球或被判为进球的罚点球后恢复比赛；

(8) 因其他缘故暂停比赛和暂停后恢复比赛。

比赛时间

除非另有商定，比赛分两个半场，各 35 分钟。

(1) 中场休息：按事先商定休息 5 ~ 10 分钟，两队交换场地；

(2) 每个半场在裁判员鸣哨示意中场开球时，即为比赛开始。

开始和恢复比赛

中场开球

(1) 从场地中心开球；

(2) 可向场地任何方向推球或击球；除开球队员外，双方所有队员均应位于本方半场内；

(3) 开始比赛时，由未选择场地一方的一名队员开球；

(4) 下半场开始比赛时，由另一方的一名队员开球；

(5) 进球后，由失球一方的一名队员开球。

开球方式

(1) 对方所有队员应离球 5 米以外；

(2) 以推球或击球的方式开球；

(3) 球必须至少移动 1 米；

（4）开球后，在不论哪个队的另一名队员触球前，发球队员不得再次触球，也不得留在或进入控球范围内；

（5）不得故意将球打起，或以危险或可能导致危险的方式开球。

球出界

球整体越过边线或端线时，则为死球，应用该球或另一个球恢复比赛。

1. 球出边线

（1）在球出界附近的边线上发球；

（2）对发球队员发球时身体位于边线内或边线外，没有要求；

（3）由球出界前最后触球一方的对方一名队员发球。

2. 球出端线

进攻队员将球打出端线而又未进球：

（1）在球出界处或附近的正前方、平行于边线、距端线不超过 14.63 米处发球；

（2）由守方一名队员发球。

3. 球出端线

防守队员无意将球打出端线而又未进球：

（1）球出界一侧的边线上、距角旗 5 米的标志线上发球；

（2）由攻方一名队员发球。

这种球称为长角球。

4. 球出端线

防守队员故意将球打出端线而又未进球（但允许守门员做的动作除外）：

（1）在球门任意一侧的端线上、距门柱 10 米标志处，或该标志与弧线之间的端线上的任意一点发球；

（2）由攻方一名队员发球。

这种球称为短角球。

争球

1. 出现下述情况之一，应通过争球恢复比赛：

（1）比赛进行之中必须更换比赛用球；

（2）双方同时犯规；

（3）在没有犯规的情况下，因受伤或其他原因而暂停比赛。

2. 争球方法

（1）由裁判员决定争球地点，但争球地点不得位于距端线 14.63 米的区域内；

（2）双方各出一名队员争球，两人身体右侧对着本方的端线，面对面站立；

（3）球置于两人之间的地面上；

（4）两人先用球棍轻敲球右侧的地面，然后在球的上方用球棍的正面轻敲对方的球棍。交替进行三次后，经其中任何一人触球，即进入比赛状态；

（5）在球未被触到之前，其他队员应离球 5 米以外。

进球

（1）球在弧内被进攻队员触到后，在未出弧前整体从横梁下越过球门线，判为进球；

（2）进攻队员弧内触球之前或之后，球触到防守队员的球棍或身体，也判进球有效；

（3）弧内暂停比赛后，球必须再次被进攻队员触到，才判进球有效；

（4）守门员违反点球规则，从而阻止了进球，判为进球；

（5）进球多的队为胜队。

越位

曲棍球比赛中没有越位。

比赛行为

曲棍球比赛中必须顾及其他运动员的安全。

运动员不得：

利用球棍和比赛器具

（1）故意用球棍的背面打球；

（2）在手中没有球棍的情况下参加或干扰比赛；

（3）以球棍的任何部位超过肩部打球；

（4）举棍过头；

（5）以危险、恐吓或妨碍对手的方式使用球棍；

（6）以危险或可能导致危险的方式打球；

使其他队员做出合理的躲闪动作的球是危险的。

（7）击、勾、撞、踢、推、绊、击打或抓抱其他队员或其他队员的球棍或服装；

（8）向场地、球、其他队员或裁判员抛掷任何物品或比赛器具。

利用身体和手脚（守门员除外）

（1）用手挡球或抓球；

这决非禁止运动员在防范危险的高球时用手保护自己。

（2）故意用身体的任何部位挡球、踢球、推动球、拣球、抛球或持球；

球击中运动员的脚或身体，不一定判为犯规，只有在运动员出现下述情况时才判犯规：

故意进入球的运行路线；

没有躲避动作；

站位方式表明，用脚或身体挡球的意图是明显的；

获得利益。

（3）抢球时用脚或腿支撑球棍；

（4）故意进入对方的球门或站在对方的球门线上；

（5）故意从球门后跑过。

高球

（1）除射门外，故意将球打起；

包括罚任意球在内，在任何地点击球时无意将球打起，除非危险或可能会导致危险，否则不视为犯规。

（2）故意挑高球，使其直接落入弧内；

并不是禁止所有落入弧内的高球。对落地后弹入弧内的球或短距离运行后落入弧内的球，必须完全依运动员的意图和球的危险性加以判断。

（3）在接落地高球的对方队员触到球并使球落地前，进入该队员5米的范围内；

（4）向其他队员身上打起高球。

阻拦

以下列方式阻止对方队员拿球：

（1）将身体或球棍置于球和对方队员之间；

（2）用球棍或身体的任何部位护球；

（3）对对方队员的球棍或身体实际构成干扰。

制造犯规

迫使对方队员无意犯规。

拖延时间

1. 球在本方弧内时，守门员可以：

（1）只要没有危险或不会导致危险，用球棍、护脚或护腿推动球，或用包括手在内的任何身体部位挡球，但不得推动球或卧于球上；

守门员卧于球上，应视为阻拦。

（2）只要没有危险或不会导致危险，使用球棍超过肩部挡球或垫球；

（3）用球棍的正面或边缘或身体的任何部位将球从横梁上或立柱

旁垫出端线外。

2. 球在本方弧外时，守门员：

（1）除主罚点球外，不得进入对方半场参与比赛；

（2）不再享有守门员的特权。

3. 其他：

如果球碰到裁判员的身体或场地上任何松软的物品，包括无意掉落地面的比赛器具，比赛应继续进行。

判罚

有利原则：只有在被犯规一方真正失去利益时才实施判罚。

判罚任意球

发生下述犯规行为，判罚任意球：

（1）进攻队员在对方25码区内犯规；

（2）防守队员在本方弧外25码区内无意犯规；

（3）任何队员在两个25码区之间的中场区域犯规。

判罚短角球

发生下述犯规行为，判罚短角球：

（1）防守队员在本方弧外25码区内故意犯规；

（2）防守队员在弧内故意犯规，但并未妨碍对方的进球，或使对方丧失实际的或可能的控球权；

（3）防守队员在弧内无意犯规，但并未妨碍对方可能的进球；

（4）防守队员故意将球打出本方端线；

（5）球在弧内落入守门员的护具或服装内。

判罚点球

发生下述犯规行为，判罚点球：

（1）防守队员在弧内故意犯规，以阻止对方的进球，或使对方丧失实际的或可能的控球权；

（2）防守队员在弧内无意犯规，但因此阻止了对方可能的进球；

（3）防守队员防守短角球时连续数次提前冲离端线。

其他

如果在已做出的判罚尚未实施时被罚队又发生犯规，可将任意球的罚球地点向前推进 10 米，或升级判罚并/或按不良行为处理；如果是主罚队犯规，可改变判罚方向。

判罚方法

任意球

（1）距弧 5 米以外罚球：在犯规地点附近罚球；

犯规地点“附近”，是指运动员在犯规地点能够控球的范围，目的是使犯规一方不能获得不正当利益，同时又使比赛保持流畅。

（2）守方弧外距端线 14.63 米（16 码）范围内罚球：在距端线 14.63 米（16 码）的范围内、端线至犯规地点的延伸线上、平行于边线的任意一点罚球；

（3）守方弧内罚球：在弧内任意一点，或在距端线 14.63 米（16 码）的范围内、端线至犯规地点的延伸线上、平行于边线的任意一点罚球；

（4）攻方在距弧 5 米以内罚球：在犯规地点附近罚球，除罚球队员外，双方所有队员均应离球 5 米以外；

（5）罚球前球必须静止不动；

（6）罚球队员推球或击球，球移动 1 米后，罚球一方的其他队员才可以触球；

（7）不得故意将球打起，或以危险的或可能导致危险的方式罚球；

（8）罚球队员罚球后，在另一名队员触球前，不得再次触球，也不得留在或进入控球范围内；

（9）对方队员必须离球 5 米以外。

如果对方队员为获取利益而位于 5 米以内，也没有必要拖延任意球的判罚。

短角球

1. 判罚标准

（1）将球放在球门任意一侧端线上距球门柱10米的标志处，或该标志与弧线之间的端线上任意一点；

（2）攻方一名队员推球或击球，推球或击球时不得故意将球打起；

（3）罚球队员必须至少有一只脚位于场外；

（4）双方其他所有队员均应离球5米以外；

（5）攻方其他队员在场上站位时，球棍、手和脚不得接触弧内的地面；

（6）包括守门员在内，守方最多可有5名队员位于端线外，站位时球棍、手和脚不得接触弧内的地面；

（7）守方其他队员应位于中线以外；

（8）球被推出或击出前，除罚球队员外进攻队员不得进入弧内，防守队员不得越过中线或端线；

（9）罚球队员将球推出或击出后，在另一名队员触球前，不得再次触球，也不得留在或进入控球范围内；

（10）球在弧外地面被停住或自行停止滚动之前，不得射门；进攻队员可传球或垫球，但只要球位于弧外5米之内，就必须在球被停住或自行停止滚动后方可射门；

（11）如果第一次射门是击球，除非球在向球门运行时触到防守队员的球棍或身体，否则球越过球门线时的高度不得超过460毫米（球门挡板的高度）；因此，球在被垫到前，其飞行路线必须能导致这一结果；

（12）对推挑球、垫球和挑球以及第二次及其后的击球射门，只要没有危险，没有高度限制；

（13）罚球队员不得直接射门；直接射门时，即使球被防守队员碰入门内，也判进球无效；

（14）如果球运行至弧外5米以外，短角球规则即不再适用。

2. 其他

在下述情况下，可以重新判罚短角球：

（1）防守队员站位时脚、手或球棍触及弧内的地面；

（2）在罚球队员触球之前，防守队员没有离球 5 米以外；

（3）在罚球队员触球之前，防守队员越过端线或中线。

在罚球队员触球之前，进攻队员故意提前进入弧内，或因提前进入弧内而获取利益，应判守方罚任意球。

3. 短角球结束

半场或全场比赛到时后，如果正在实施短角球的判罚，比赛应继续进行，直至短角球结束。为此目的，出现下述情况之一，即视为短角球已经结束：

（1）进球得分；

（2）进攻队员犯规；

（3）防守队员犯规，但应重新判罚短角球或判罚点球的犯规除外；出现后一种情况，比赛应继续进行，完成短角球或点球的判罚；

（4）球运行至弧外 5 米以外；

（5）球被进攻队员从端线打出弧外，或被防守队员无意从端线打出弧外；

（6）从攻方在端线处罚短角球起，球第二次运行至弧外。

点球

1. 罚球过程

（1）裁判员示意判罚点球时，停止计时；裁判员在点球判罚结束后鸣哨恢复比赛时，恢复计时；

（2）罚点球开始之前，主罚点球的队员站在球后靠近球处；

（3）除守方守门员和主罚点球的队员外，双方其他队员应位于近侧 22.9 米线（25 码线）外，不得干扰罚点球的进行；

（4）守门员应继续佩带头盔，不得以拖延时间为目的而没有必要地摘掉任何护具；

（5）守门员应双脚站在球门线上，在球被触动之前，不得离开球门线，也不得移动双脚；

（6）在控制罚点球的裁判员确认罚球队员和守门员均已做好准备，鸣哨示意后，罚球队员才可以罚球；

（7）罚球队员可以用推球、推挑球或挑球的方式将球从罚球点罚出；

（8）球的飞行高度没有限制；

（9）罚球队员只能触球一次，触球后不得向球或守门员移动；

（10）罚球过程中，罚球队员可以向前跨一步，但在球被触动前，后脚不得超过前脚；

（11）罚球队员不得做假动作。

2. 结束

（1）进球或判为进球；

（2）球在弧内停止滚动、落入守门员的护腿内、被守门员挡住、或运行出弧，或罚球队员犯规而未进球或判进球无效；

3. 罚点球后恢复比赛

（1）如进球或被判为进球：中场开球；

（2）如未进球或被判为进球：由守方一名队员在球门线正前方 14. 63 米（16 码）处推球或击球。

4. 判罚

（1）任意球：罚球队员犯规，由守方在球门线正前方 14. 63 米（16 码）处罚球；

（2）判为进球：守门员的犯规阻止了进球，判为进球；

（3）点球：双方其他任何队员犯规，可重新判罚点球。

5. 对运动员的处罚

（1）对粗野或危险动作、不良行为（包括队长未履行规则规定的职责）或任何故意犯规，裁判员除予以相应的判罚外，还可以：

口头警告犯规队员；

绿牌警告犯规队员；

出示黄牌，将犯规队员暂时罚出场，时间不少于5分钟（纯比赛时间）；

出示红牌，取消犯规队员本场比赛资格。

（2）受黄牌处罚的运动员应待在指定区域，直至向其出示黄牌的裁判员示意，允许其恢复比赛；

（3）受黄牌处罚的运动员中场休息时可以回到自己的队中，但应在下半场比赛开始前回到规定的受罚区域；

（4）对替补队员的不良行为，裁判员可予以警告或出示绿牌、黄牌或红牌；替补队员黄牌受罚期间，该队场上队员应减少一人；如替补队员被出示红牌，该队在该场比赛的剩余时间里应减少一人；

（5）受红牌处罚的运动员不得留在赛场内及其周边区域。

事故和伤害

（1）如果在比赛因事故而中断前进了球，而该球在假设没有发生事故的情况下也会进，则应判进球有效；

（2）如果运动员因伤而不能继续比赛，裁判员可以暂停比赛；

（3）除非因医护原因而无法做到，否则受伤或流血的运动员应在保证安全的前提下尽快离开场地，接受治疗；

（4）受伤运动员在伤口包扎完毕后才可以返回场地；穿带血渍服装的运动员不得留在或进入场地；

（5）如果裁判员因伤而不能执法，应暂停比赛，如果因伤不能继续执法，应由替补裁判员替换；

（6）应以争球、相应的判罚或在进球的情况下以中场开球的方式恢复比赛。

垒球运动的竞赛规则

基本规则

垒球比赛双方各有9名队员参赛。他们依照防守位置分为投手、接手、一垒手、二垒手、三垒手、游击手、左外场手、中外场手、右外场手。进攻时，这9名队员要逐一上场击球，但投手可以只参加防守，不参与进攻。

9名队员进攻时的击球棒次，按照赛前双方提供给主裁判的击球次序严格执行，不能变动。赛前，主裁判主持抽签，决定哪方先攻，哪方先守。比赛开始后，先守一方9名队员进入各自防守位置准备防守，先攻一方根据上报主裁的击球棒次，由排在第一棒的选手出场击球。第一局以后，每局双方的第一个击球员应为上一局最后完成击球任务的下一个击球员。

每局比赛由投手向攻方击球员投球开始。如果投手投出的球，在落地前进入本垒板上空、低于击球员的腋部、高于击球员的膝部则为好球，否则为坏球。击球员有3次击球机会，如果3击不中，或者击出的球在落地前被防守队员接住，均判该击球员出局。如果击球员将投手投来的球打进界内，击球员就成为击跑员，取得跑垒的权利。此时击跑员可以根据自己击球的情况，按由一垒经二垒、三垒，最终到达本垒的顺序跑垒，也可以停在距离自己最近的垒包上成为跑垒员。在此过程中，如果击跑员被防守方封杀或触杀，均算为出局。跑垒员可以在投手再次投球出手的瞬间，选择继续向下一垒跑进或原地不动，但同一个垒包上不能同时有2名跑垒员。

进攻方每局累计有1人出局时，双方即交换攻守角色。但如果1名跑垒员能够在本方累计3名队员被杀出局前返回本垒，则计进攻方得1分。此外，如果投手在面对同一名击球员时，累计投出4记击球员未击的坏球，那么要保送击球员登上一垒，原来在一垒上的跑垒员则自动前进至二垒，依次类推。

垒球比赛共进行7局，每一局双方分进攻和防守1次。只有进攻方有权得分，最后以7局累计得分多的一方为胜。

投手的相关规则

合法投球姿势

合法投球有正面投球和侧身投球两种姿势。投手可随时选择其中的一种姿势投球。

投手应踏在投手板上接受接手所发暗号，不得跨于投手板或站在投手板后接受接手的暗号。

注：投手接受暗号后可以退板，但退板后不得迅速踏板投球，否则裁判员可判“急投”，以不合法投球论处。投手退板时，必须将两手放下置于身体两侧。投手不得每接受一次暗号都退板。

（1）正面投球姿势

投手应面对击球员站立，轴心脚应踏在投手板上，另一脚可自由站立其位置不受限制。采用正面投球姿势后，投球动作一经开始，就不得中途停止，也不得改变投球姿势，而必须把球投向击球员。投手投球前，任何一脚都不能离开地面。但向击球员投球时，自由脚可以先向后退一步再向前踏一步。

投手的轴心脚应踏在投手板上，自由脚可自由站立，双手持球置于身前，就视为已采用了正面投球姿势。

（2）侧身投球姿势

投手侧身面对击球员站立，轴心脚踏触投手板或投手板前沿，自由脚放在投手板前，双手持球置于身前并保持完全的静止状态。然后投手向击球员投球，也可以向垒上传球，也可以把轴心脚退到投手板后面，投手在做侧身投球姿势前可做任何准备动作，如仰臂动作（即手臂伸展至头上或身前的动作），如果投手做伸臂动作就要在投球前采用侧身投球姿势。投手做好侧身投球姿势并起动投球后，就不得中途停止，也不得变换投球姿势。

（3）投手在做投球准备动作但尚未启动投球时，只要在传球前向传球的垒上直接伸踏，就可以向任一垒上传牵制球。

（4）垒上没有跑垒员时，投手的不合法投球应判给击球员“一球”，除非击球员由于安打、守场员失误、四坏球、投球中身或其他原因而到达一垒。

（5）投手只要把轴心脚退到投手板后面就成为内场手。这时，如果传出的球造成暴传时，与其他内场手的暴传作同样处理。

投手的违禁行为

（1）投手不得在投手区内用投球的手接触口或嘴唇。投手违反此条规定，司球裁判员立即判给击球员“一球”。一犯再犯，则令其退出比赛。

（2）将唾液附着在球、投球手或手套上；用手套、身体、衣服摩擦球；将异物附着在球上；用任何方式污损球体表面：采用以上方法投所谓的“抹滑的球”、“吐有唾液的球”、“涂上泥土的球”或“磨粗的球”。投手违反本规定，将立即被驱逐出场并处罚禁赛10场（中国棒球协会规定：先警告，再犯，处罚）。

（3）携带任何对投球有影响的物品。如果投手携带有此类物品，裁判员应立即将其驱逐出场，并处罚禁赛10场。

（4）故意不投球给已就位的击球员而传球给守场员以拖延比赛时间（但传杀跑垒员除外）。

（5）如果投手恶意地将球砸向击球员，裁判应立刻给予警告，如果出现再犯，则应立刻勒令其及主教练出场。

投手的犯规行为

垒上有跑垒员时，投手如有下列任一行为应判“投手犯规”：

（1）踏触投手板并已开始投球动作，但未将球投出；

（2）踏板后向一垒做传球动作而未将球传出；

（3）踏板后向垒上传球前而未先向传球方向伸踏；

（4）踏板后向没有跑垒员的垒上传球或假做传球动作时（但为传杀正在跑向该垒的跑垒员时除外）；

（5）不合法的“急投”；

投手乘击球员在击球区尚未完成准备时向其投球，裁判员就以“急投”判处。垒上有跑垒员时应判为“投手犯规”，垒上没有跑垒员时只判给击球员“一球”。“急投”是危险动作，是绝对不允许的。

（6）投球没有面向击球员；

（7）轴心脚未踏触投手板而做投球动作；

（8）投手做不必要的拖延比赛时间；

（9）没有拿球而站立或跨立在投手板上，或者在退板时假做投球动作；

（10）已做好投球准备动作后既不投球，也不向垒上传球而任何一手离球；

（11）踏板后有意或无意将球脱手落地；

（12）接手双脚站在接手区外而投手故意投“四坏球”时；

为了故意投出“四坏球”，接手往往在投手投球出手前一脚或双脚踏出接手区接球应判“投手犯规”。

（13）采用侧身投球姿势投球而未保持完全的静止状态。

罚则：投手犯规时成死球局面，判垒上跑垒员都安全进一个垒，但击球员由于安打、守场员失误、四坏球、投球中身或其他原因而到达一垒，而其他跑垒员也至少安全进了一个垒时，所形成的局面有效，而不按“投手犯规”处理。

投手投球合法与不合法

1. 投球前

（1）未持球不得站在投手板上或其附近做投球动作；

（2）当接手不在接手区内准备接球时，投手不得投球；

（3）双脚必须站在投手板上，且不得超出61厘米宽的投手板，同时臀部与一、三垒平行；

（4）投手必须站于投手板上，双手分开，一手握球，接受暗号或看着接手；

（5）接受暗号后，必须双手合掌握球于体前，且完全静止2～5秒钟，然后开始投球。

2. 投球开始

投手双手合掌后，一手离球，即为投球开始。

3. 合法投球

（1）投手不得做任何投球动作，除非是立即投球给击球员；

（2）投手不得双手合掌握球后，一手离球做前后摇摆动作，然后双手再次在体前握球；

投手在双手分开之前，可以向后撤板退出投球位置。若向前或向两侧撤离，则为“不合法投球”。

（3）不得在做摇摆动作时，中途停止或改变前摆动作方向；

（4）投手采用绕环式投球方法，投球臂不得绕两圈。但在投球动作开始前，可手臂下落于体侧或身后，再开始绕臂。这允许手臂绕过臀部两次；

（5）投手采用低手投球方式，手必须低于臀部，手腕和体侧不得大于肘部和体侧的距离；

（6）球出手及随投动作时，手和手腕必须向前，并且超过身体的垂线；

（7）在向前伸踏投球之前，双脚必须保持与投手板接触；

（8）在投球动作中，投手只能在出手动作同时向击球员方向伸踏一步，且不得超出投手板61厘米的宽度；

轴心脚在投手板上滑动，只要与板保持接触则不作为移动一步。从投手板上抬起轴心脚又放回，使身体摇动，是不合法行为。

（9）投手伸踏脚向前伸踏着地前，轴心脚可保持与投手板接触，也可以蹬后拖地离开投手板，只要其持续接触地面即可；

（10）投手伸踏脚着地前轴心脚从投手板以外地面蹬离，则视为“鸦式跳投”，是“不合法投球”；

（11）投球出手后，不得继续做绕臂动作；

（12）投手不得为防止击球员击球而有意掉球、投地滚球或反弹球；

（13）投手得球后或裁判员宣布“继续比赛”后20秒钟内，必须投出下一个球。

4. 异物

（1）在比赛中，任何守场员均不得使用异物于球上；

若任何守场员再次使用异物于球上，则判投手离场。

（2）将松香粉涂于球上或涂于手套上再将球放入，均为不合法行为。不用时，松香粉必须置于投手板的后方；

（3）在裁判的监督允许下，可以使用松香粉擦于手掌；

（4）投手的手指不得贴胶带，其投球手臂的手腕或前臂不得佩戴护腕、手镯或类似物品。

若投手受伤须戴护腕、护肘时，其双臂都必须着内衬覆盖其上。

罚则：不合法投球未被击出，垒上所有跑垒员进一个垒，击球员得“一球”。

不合法投球被击出，攻队可以选择已成局面或按不合法投球处理。但击球员已经上一垒，其他所有跑垒员都已经进了一个垒，则不予以选择。若“不合法投球”击中击球员，成死球，判击球员上一垒，所有跑垒员进一个垒，不予以选择。

击球员的相关规则

（1）进攻队员须按照赛前填报的“上场队员名单”所列的击球次序上场击球；

（2）进攻队员一经轮到击球任务时，就应立即进入击球区做好击球准备；

（3）投手已采用侧身投球姿势后或已开始正面投球动作后，击球员就不能离开击球区或放弃击球的准备动作；

击球员违反本项规定时，如投手将球投出，司球裁判员根据投球宣判“好球”或“坏球”。

注：①击球员不得随意出入击球区，如需离开，应向司球裁判员提出“暂停”要求，否则投手投球后有被判“好球”的危险。

②击球员进入击球区后，投手投球如有延误，而裁判员确认这种延误没有正当理由时，可允许击球员退出击球区。

③垒上有跑垒员时，如果投手已经开始摆臂投球或已做好正面投球姿势或侧身投球姿势，但由于击球员突然退出击球区或解除击球姿势而被诱发停止其投球动作时，裁判员不能判投手犯规，因为投手和击球员都违反规则。所以，裁判员只宣布“暂停”，并让投手和击球员重新开始比赛。

（4）如果击球员拒绝进入击球区，司球裁判员可以（不需命令投手投球）直接宣判“好球”，此时为死球局面，跑垒员不得进垒。在此处罚后如果击球员进入击球区准备击球时，依照正常状态宣判“好球”和“坏球”。如果不能在宣判第三个“好球”前进入击球区采取准备击球时，则应判其出局；

司球裁判员在本项对击球员宣判“好球”后再次宣判“好球”时，应在适宜的时间内允许击球员进入击球区准备击球。

（5）击球员进入击球区域时必须戴头盔或选择佩戴其他护具；

（6）击球员合法的击球姿势是双脚站立在击球区内；

击球区的线属于击球区的一部分。

（7）击球员不得一脚或双脚完全踏出击球区外地面把球击中；

注：击球员在击球区外击出界内或界外球都应判出局。司球裁判员要特别注意击球员企图打击“故意四坏球”时双脚的位置。击球员不

能跳出或踏出击球区外击球。

（8）投手做投球的准备动作时，击球员由一侧击球区换至进入另一侧击球区；

投手在投手板上看接手暗号时，击球员由一侧击球区换至进入另一侧击球区，也适用本项规定。

（9）击球员不得踏出击球区或以其他动作妨碍接手在本垒进行传杀或接杀。但是如果试图进垒或下分的跑垒员被传杀出局时，不判击球员出局；

注：①如果击球员妨碍接手的行为一经发生，司球裁判员应即宣判“妨碍行为”判击球员出局，死球。这时任何跑垒员不得进垒（因为这是攻队的妨碍），所有跑垒员都应退回到裁判员认为在发生妨碍行为时原占垒位。但是，如果接手进行了传杀，而且将正在试图进垒的跑垒员传杀出局，则应视为妨碍行为已不复存在，判跑垒员出局而不判击球员出局。这时，其他跑垒员可以进垒，因为已有跑垒员被传杀出局，而妨碍行为已不复存在。攻守行为应按未发生任何妨碍行为时正常进行。

②如果击球员挥击未中，但由于用力过猛，把棒挥一大圈而击中接手时，只要裁判员认为接手把球接稳前击球员无意妨碍接手，就只能判“一击”，而不能判妨碍行为。此时为死球局面，跑垒员不得进垒。如果是第三击时（包括擦棒被接球），应判击球员出局。如果击球员没有挥棒，接手未能接住投球，而该球又触及在击球区内击球员所持的球棒时，比赛继续。

③击球员虽然有妨碍接手的行为但跑垒员被传杀出局，应视为妨碍行为不成立。如果守方虽然有触杀机会，但因守场员的失误致使被传杀的跑垒员幸免出局时，应按击球员妨碍接手论处，判击球员出局，死球。如果接手的传球而形成夹杀局面时，裁判员应立即宣判死球，击球员妨碍出局，令跑垒员退回原垒。

（10）击球员使用经裁判员判断以任何方式改造、加工以达到能够增加击球距离或使球造成异常反弹力的变形球棒击球。这类球棒包括：在球棒内填充东西、把棒面削平、在球棒上打钉、把球棒挖空、把球棒弄凹、在球棒上涂石蜡等物质。击球员使用此类球棒所发生的进垒不予以承认，但比赛进行中造成的出局有效。裁判员对使用异形球棒的击球员除应判出局并勒令退出比赛外，协会主席（联盟主席、仲裁委员会或技术委员会）还应给予适当的处罚；

击球员持上述异形球棒进入击球区后，即视为使用或企图使用不合格球棒。

（11）对击球员击球次序错误的判罚。

①不应轮击的击球员未完成击球任务时，一经提出纠正，应轮击的击球员可随时进入击球区击球。但不应轮击的击球员已有的“击”和“球”数应记入原应轮击的击球员的记录内。

②当不应轮击的击球员已成为跑垒员或被判出局，如守方在投手向下一击球员投球或任何攻守行为开始前向裁判员提出申诉时，判原应轮击的击球员出局，由其次一击球员继续击球，不应轮击的击球员造成垒上跑垒员的进垒和得分均无效（安打、守队失误、四坏球、投球中身等）。但是在不应轮击的击球员击球时，跑垒员由于盗垒成功、投手犯规、投手暴投、接手漏接而进的垒仍应视为合法，此时为继续比赛局面。

③当守方提出申诉时，不应轮击的击球员已完成击球任务，投手已向下一击球员投球或下一攻守行为已开始，守方的申诉权即告消失，则不应轮击的击球员成为合法的击球员，其击球及产生的后果均有效。击球次序就从变成合法的不应轮击的击球员开始；

击球次序错误涉及守方的申诉行为，裁判员不应提示任何人注意。

（12）如遇下列任一情况时，判击球员出局：

①击出的界内或界外高飞球（不是擦棒被接球）被合法接住时。守场员可将手伸入（脚不得踏入）队员席中接杀高飞球，但如能接住该球，应视为合法接住。守场员若在队员席或其他比赛无效区（例如观

众席）附近接杀界外高飞球时，必须一脚或双脚位于比赛有效区内（含队员席上沿）的上空，并且任一脚不得踏入队员席中或任何比赛无效区内，此时为继续比赛局面。若守场员接杀高飞球后倒入队员席或比赛无效区中时，则为死球局面。

②三击不中被接手合法接住时。所谓“合法接住”是指球在落地前进入接手的手套内。球停留在接手的衣服或随身用具上或先碰触司球裁判员反弹后接住都不算“合法接住”。

擦棒球先碰触接手手套并在落地前接手用双手在身体或护胸前接住时应判一击，如为第三击，应判击球员出局。如果球先碰触接手手套或手，然后把球捂在身体或护胸上也算接住。

③两人出局前一垒有跑垒员，被宣判为第三个好球时。

被宣判为第三个好球时，即使接手漏接或球夹在司球裁判员或接手的面罩中时也适用本条规定，判击球员出局。

④第三击触击成界外球时。

⑤宣布内场高飞球时。

⑥第三击挥击未中而被球触及身体时（包括触击)。

⑦被击出的界内球在守场员（包括投手）触及前碰触击跑员身体时。

⑧挥击或触击成界内球后，再次用球棒在界内地区碰触该球时。这时成死球局面，垒上跑垒员不得进垒。如果击球员未离开击球区或击球员放下的球棒被滚动的球在界内地区碰触，而裁判员认为击球员并无故意改变球路的意图时，比赛继续，不判击球员出局。

注：a. 如果球棒折断，而断棒的一部分飞入界内区域击中跑垒员或守场员或在界内被击出的球所碰触，比赛继续，不判妨碍行为。如果击出的球在界外地区击中断棒的一部分时，判界外球；

b. 如果整根球棒被摔到界内地区并且妨碍了正在进行防守的守场员（包括守场员传球）时，不论有意无意都应判妨碍行为；

c. 如击出或传出的球意外地击中了掉落在地上的击球头盔时，继续比赛；

d. 如击出的球在界外地区击中击球头盔或场上其他不适当的物品时为界外球，成死球局面；

e. 如果裁判员认为跑垒员故意抛下头盔去妨碍击出或传出的球或者把头盔扔向该球则判跑垒员出局，成死球局面，其他跑垒员退回投手投球前原占垒位或传球时发生妨碍瞬间所占垒位；

f. 击球员挥击或触击成界内球后，再次用球棒在界内地区碰触该球时，并不考虑击球员手中是否持有球棒。

⑨击出或触击出的球在界外地区滚动尚未定论为界外球时，击球员在跑向一垒时故意以某种行为改变球的方向时。这时成死球局面，跑垒员不得进垒。

⑩三击后或击出界内球后，在触踏一垒前被守场员触杀或触及一垒时。

注：球触及身体或垒时，首先应持球于手套或手中。如果球在手套或手中出现弹跳或用手腕捂球于胸部，这期间不视为接住。击跑员在触踏一垒前，守场员触垒时，虽然球在手中，但如合法接住是在击跑员触踏一垒后，该击跑员不成为出局。

⑪当跑到一垒的后半段距离而守场员又向一垒传杀时，如跑出跑垒限制道的外侧（右侧）或跑入垒线内侧（左侧），而裁判员认为妨碍守场员在一垒接球动作时，为死球局面。但击跑员为了避免冲撞或影响守场员处理击出的球而跑离跑垒限制道时除外。

注：跑垒限制道的线属于跑垒限制道的一部分，击球员的两脚应跑在限制道内或线上。

⑫二人出局前，一垒或一、二垒或一、二、三垒或一、三垒有跑垒员，内场手故意失接界内高飞球或平直球。这时，成死球局面，各跑垒员应退回原占垒位。

注：a. 如内场手在击出的球落地前并未触及该球则不能判击球员出局，但适用“内场高飞球”的规定除外；

b. 本项规定，是指内场手将击出轻易被接杀的高飞球或平直球在落地前，一手或两手（包括手套）触球后再将球掉落时，应视为故意失接；

c. 投手、接手、内场手在内场区域防守时视为内场手，但预先位于外场区域的内场手，则不视为内场手；

⑬裁判员认定前位跑垒员故意妨碍守场员传杀或接杀，以图破坏其完成防守行为时。

注：a. 本规定的目的在于处罚攻队跑垒员违背体育道德的行为。他们在跑垒时不是以进垒为目的，而是故意跑出垒线冲撞进行双杀的守场员。当然，这纯属裁判员的判断，由裁判员作出判定。

b. 本项规定虽未阐述有关未出局之前跑垒员的罚则，但依规则规定，除判该跑垒员出局外同时判击球员出局。对于已判出局跑垒员对守场员继续传杀其他跑垒员的行为进行妨碍时，此时以本队队员的妨碍行为判其他跑垒员出局。

⑭二人出局，三垒有跑垒员，击球员“二击”，投手的合法投球在好球区击中抢进本垒的三垒跑垒员时，裁判员应判击球员三击不中出局、死球、跑垒员得分无效。但在二人出局前，应判击球员三击不中出局、死球、三垒跑垒员得分有效。

注：二人出局前，不论其他跑垒员有无盗进垒，应判各跑垒员都安全进一个垒。

⑮击球员如遇下列任一情况时成为跑垒员，无出局危险而安全进至一垒（但以该击球员进至一垒并踏触一垒为条件）：

a. 司球裁判员宣判“四坏球”时。

得四坏球被保送一垒的击球员，有进至一垒并踏触一垒的义务。此时对垒上其他被迫进垒的跑垒员才构成安全进至一个垒的权利。此规定适用于满垒的场合和替补跑垒员参加比赛的场合。

击球员（由于四坏球而成为跑垒员）进一垒并有踏触该垒的义务才确保有安全进入一垒不被判出局的权利。跑垒员在比赛中，如果认为守场员对其进行传杀而不踏触垒位或进行滑垒而滑过垒位时，如守场员持球触杀应判出局。如果跑垒员漏踏安全进占的垒位并试图继续跑进时，被守场员持球触杀或触及漏踏的垒位即判出局。

b. 击球员无意击球而被投球投中时，下列情况应属例外：未落地的投球，在好球区触及击球员时；击球员未躲避投球而被触及时。

c. 接手或任一守场员妨碍其击球时。如果继妨碍行为后接连发生攻守行为，则攻队教练员可按妨碍行为判处或接受已形成的攻守局面二者之间进行选择。但是必须在该攻守行为结束时立即通知司球裁判员进行选择。如果击球员由于安打、守场员失误、四坏球、投球中身或其他原因进入一垒时，而其他所有跑垒员也都至少前进一垒时，就按所形成的局面继续比赛，而不按妨碍行为判处。

d. 击出的界内球在碰触守场员前，碰触在界内地区的裁判员或跑垒员时。

如果击出的界内球在穿过守场员（不包括投手）或碰触守场员后（包括投手）碰触裁判员时，比赛继续，不判击球员安全上一垒。

跑垒员的相关规则

跑垒规定

跑垒员的跑垒顺序应按照一垒、二垒、三垒和本垒的顺序依次完成。如果被迫后退，也按照相反顺序依次退垒。在死球时，可直接返回原占垒位。

安全进占一个垒

跑垒员（击球员除外）如遇下列任一情况时可安全进占一个垒：

（1）判罚投手犯规时；

（2）击球员安全进垒而迫使跑垒员离开其原占垒位或击球员击出的界内球在碰触（包括投手）或穿过守场员前（投手除外）碰触其他跑垒员或裁判员时，应判击球员安全进垒，因而跑垒员被迫进垒时；

（3）守场员接高飞球后倒入队员席或观众席或倒在进入比赛场地的观众中时；

（4）跑垒员进行盗垒时，击球员被接手或其他守场员妨碍，此时，判盗垒的跑垒员安全进一个垒。

阻挡跑垒

当发生阻挡行为时，裁判员应宣判“阻挡”并做出“阻挡”的手势。

（1）如果被传杀的跑垒员在跑垒时或击跑员在到达一垒前时被阻挡，成为死球局面，所有跑垒员可安全进至裁判员认为无阻挡可能进入的垒位。被阻挡的跑垒员从发生阻挡前已合法进入的垒位算起，至少再安全进一个垒。其他由于阻挡行为的判罚而被迫进垒的任一前位跑垒员都判安全进垒；

（2）如果被阻挡的跑垒员不是正在进行传杀的跑垒员，则比赛继续进行至攻守行为告一段落为止。裁判员认为有必要按阻挡判罚时立即宣判“暂停”，然后判跑垒员如无阻挡行为可能到达的垒位。

跑垒员的出局

如遇下列任一情况时，判跑垒员出局：

（1）跑垒员跑垒时，为躲避触杀而跑出垒间线左右方0.91米以外时。但为了避免妨碍守场员处理击出的球而跑出垒间道0.91米以外不判出局；

踏触一垒成为跑垒员后离开垒间道，显然放弃进占下一垒的努力时。

任何跑垒员到达一垒后，如果以为比赛已告一段落不再进行攻守行为而离开垒间道进入队员席或防守位置时，裁判员认为跑垒员的这一行为显然表明已自动放弃跑垒的努力，可判跑垒员出局。此时，对其他跑垒员仍然是继续比赛的局面。

（2）跑垒员故意妨碍守场员传球或处理击出的球时；

（3）比赛进行中跑垒员离开垒位被触杀时，但是击跑员在跑过一垒或滑过一垒后，只要立即返回就不能将其触杀出局；

（4）击出的界内或界外高飞球被合法接杀后，跑垒员在返回原占垒位“再踏垒”之前被守场员持球触及身体或垒位时。由于这是申诉局面，如果在投手投下一个球或下一攻守行为开始前不提出申诉，跑垒员即使未“再踏垒”也不能判其出局；

（5）由于击球员变成击跑员时，前位跑垒员有被迫进垒的义务，但在到达下一垒前被守场员持球触及身体或垒位时（此出局为封杀出局）；

但是跑垒员在被迫进垒中，如后位跑垒员被封杀先判出局，则前位跑垒员的被迫进垒即告消失，因而只有持球触及其身体才能使其出局。跑垒员到达被迫进垒的垒位，被迫进垒即告消失。如果跑垒员跑垒或滑离垒位，守场员就得持球触及其身体才能使其出局。但是，被迫进垒的跑垒员到达下一垒位后，不论任何理由，又退回到原占垒位时，被迫进垒的局面又告恢复，如果被守场员持球触及其身体或被迫进垒的垒位时，可重新判其出局。

（6）击出的界内球在碰触（包括投手）或穿过内场手（投手除外）前在界内地区碰触跑垒员时，成死球局面，跑垒员不得下分，也不得进垒，除非被迫进垒；

（7）在二人出局前，跑垒员试图进入本垒得分而击球员妨碍守场员在本垒的防守行为时。但二人出局后判击球员妨碍行为出局，得分无效；

（8）在前位跑垒员被判出局前，后位跑垒员超越前位跑垒员时，应判后位跑垒员出局；

（9）跑垒员合法占据某一垒位后，颠倒跑垒顺序以扰乱或愚弄防守队员时，裁判员立即宣布“暂停”并判跑垒员出局；

（10）跑垒员跑过或滑过一垒后，未能立即返回该垒时或企图有跑向二垒的行为而被触杀时应判出局。如果跑垒员跑过或滑过一垒后，走向队员席或其防守位置而未立即返回该垒时，经防守队员持球触及身体或垒位提出申诉，应判跑垒员出局；

（11）跑垒员跑进或滑进本垒时没有踏触本垒板，又无意返回补踏，而被守场员持球踏垒提出申诉时，应判跑垒员出局。

在垒球比赛中，跑垒员必须是在投手投球出手后才能离垒，反之判跑垒员出局，死球局面。

PART 5 场地设施

曲棍球运动场地设施

曲棍球比赛场地

边线和端线

长边和宽边分别被称为边线和端线；每条端线的中间设有一个球门。场内主要标志线有：射门弧、22.9 米线（25 码线）、中线、点球点等。

规格

（1）曲棍球场地为绿色的人造草场，场地长为 91.4 米（100 码），宽 55 米（60 码）；

（2）球场上标有边线、端线、球门线、中线、开球点和后场线等标志线；

（3）场内所有各线的线宽为 7.5 厘米；

（4）在正对中线两端的场外，距边线 7 米处插有边旗。

设施

1. 球门规格

（1）球门高 2.14 米，宽 3.66 米（均为内径）；

（2）球门柱和门楣正面（向场内面）宽5.1厘米，厚7.5厘米。

2. 球门构造

（1）球门后装有底挡板和侧挡板，挡板高46厘米，侧挡板在球门柱后沿，与端线垂直，侧挡板外沿与球门柱外侧面齐平相接，底挡板装在侧挡板上，并与端线平行；

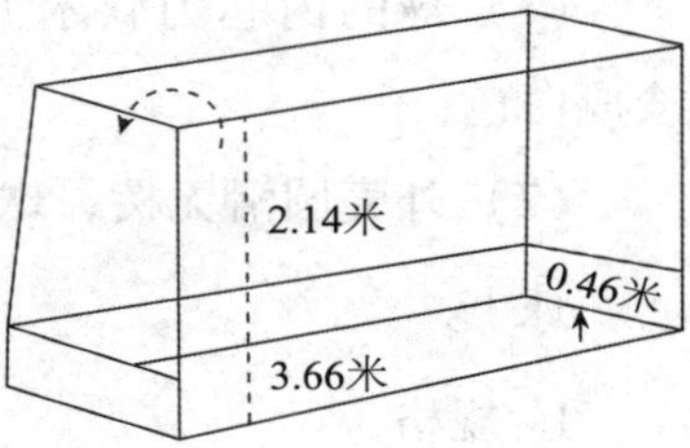

曲棍球球门规格

（2）球门后应有一定的深度，顶部深度一般不少于1米；

（3）球门放在端线正中，球门柱前沿与端线的外沿相接。

曲棍球场

3. 挡网

球门应装有挡网，网眼以不使球穿过为度，一般内径为2厘米。

要求

端线外和边线外应分别留出至少5米和4米的缓冲地带。

曲棍球运动器材

曲棍球运动的器材包括球和球棍。

球

1. 规格

圆周为22.4～23.4厘米，重量为156～163克。

酒窝曲棍球

2. 构造

（1）球的内芯为软木类，缠以绒线，外壳用熟皮缝制而成，必须漆成白色；

（2）外壳圆滑无棱，球体呈圆形。

球棍

1. 规格

（1）球棍最长不准超过 1 米，重量在 652～794 克之间；

（2）棍叶的最大宽度为 5.1 厘米，厚度要保证能够穿过内径为 5.1 厘米的圆环。

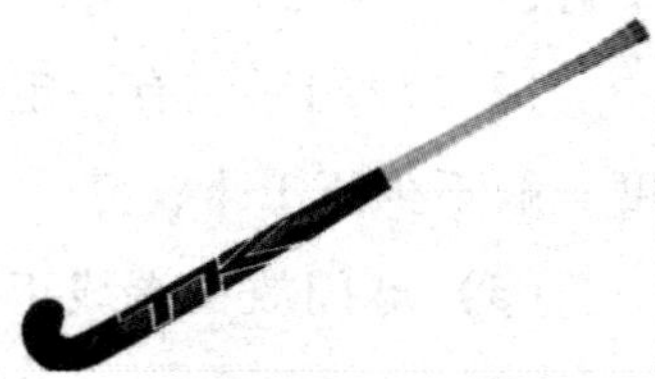

曲棍球球棒

2. 构造

球棍是一端弯曲的木质球棍，球棍的握手部分叫棍柄，弯头部分叫棍叶。棍叶的左手面呈平面，叫棍面；背面呈椭圆形，叫棍背。

3. 要求

（1）非木质球棍不准参加正式比赛；

（2）球棍的任何部分不准装嵌金属物，也不准削成尖形；

（3）只有棍面才能接触球，棍背触球视为犯规。

曲棍球运动装备

曲棍球运动比赛

曲棍球运动的装备主要是服装，此外，守门员还要佩戴必要的护具。

服装

1. 款式

曲棍球运动的服装一般是半袖或坎袖，及短裙。

2. 要求

(1) 比赛双方应穿着颜色有明显区别的服装，背后要有明显的号码；

(2) 守门员必须穿着与场上队员不同颜色的服装；

(3) 运动员不得穿带铁钉的鞋，或佩戴其他可能对对方队员造成危险的物品；

(4) 上场队员必须带护腿板。.

守门员护具

1. 面罩

面罩要轻，要不影响视野，能保护面部。

2. 手套

手套必须是分指的，指间不能用线穿连。伸平时宽度不得超过 20 厘米，里侧可有一层保护物。

3. 护腿

(1) 护腿在很大程度上不仅仅能保护腿部，而且具有守护球门、直接参与比赛的作用，所以规定限制每只护腿的宽度最大不超过 30 厘米；

(2) 守门员经常用腿部停挡射门球和用脚踢球，所以护腿应该轻巧、灵活。

4. 鞋套

鞋套不准有锋利的边沿和凸出物。

垒球运动场地设施

垒球比赛场地

垒球场

比赛场地是一个直角扇形区域，直角两边是区分界内地区和界外地区的边线。界内地区又分为内场和外场。内场为 18. 29 米 ×18. 29 米的正方形，在扇形的顶端设一五角形的橡皮板，称为本垒；在其他三个角上各设一个四方形帆布垒包，依逆时针方向分别称为一、二、三垒；在内场中间的投手区设一橡皮投手板；在本垒两侧各画一个击球区，后侧画一接手区。内场以外的部分称为外场。以本垒板尖角为圆心画一弧线与两侧垒线延长线相交为本垒打线，本垒打线距离，女子不小于 60. 96 米，男子不小于 68. 58 米。内场边沿线的半径为 18. 29 米。本垒板与后挡网和野传球线的距离为 7. 62 ~9. 14 米。

投手区

垒球运动场的组成部分。以投手板前沿中心为圆心，2. 44 米为半径所画的圆圈即为投手区。如投手已经持球进入投手区，垒上跑垒员就不可再离垒。

接手区

垒球运动场的组成部分。指位于本垒板后方与两击球区相连，在投手投球出手之前，接手必须站立的区域。垒球接手区长 3. 0 米，宽 2. 75 米。

击球区

垒球运动场的组成部分。在本垒板的两侧各有一击球区，是击球员击球时必须站立的区域。垒球击球区长 2. 20 米，宽 1. 0 米。击球时击球员的双脚必须完全站在击球区内。

准备击球区

垒球运动场的组成部分。指接手区后侧两边或两球员席旁边，以 1. 5 米为直径所画的圆圈。比赛时，下一击球员必须预先在本方一侧的准备击球区内等待，准备入场击球。

跑垒限制线

垒球运动场的组成部分。自本垒与一垒的中点起，在垒线外侧 0. 91 米画一条与垒线平行的线，称为“跑垒限制线”。如击跑员在跑进一垒时未进入跑垒限制线内，而裁判员认为妨碍守场员接球或传球活动时，即可判击跑员出局。

跑垒指导员区

在一垒和三垒外各有一个与边线平行的区域，比赛时，供进攻队的教练员指挥时使用。每个区内只能有一名身穿与该队队员队服相同的教练员或队员。他们的位置和活动不得妨碍防守队员的防守。

内场边沿线

又称草地线。垒球运动场的组成部分。指以投手板前沿中心点为圆心，以 18.29 米为半径，连接两垒线所画的孤线。此线以外的外场地区为草地，以内为土地。

界内地区

垒球运动场的组成部分。从本垒经一、三垒垒线的延长线，直到外场围网以内的区域，称为“界内地区”。

比赛有效区

垒球运动比赛术语。比赛活动范围除原固定的内外场地外，还包括两垒线外侧至野传球线（围网）和后挡网前的场地，为比赛有效区。一切活动必须在比赛有效区内进行才算有效，球出比赛有效区即为死球。

队员席

正式比赛场地的队员席应分别建在一垒及三垒外的看台下，上面应有顶棚，背后和两侧要求封闭起来。规格高的专用垒球场的队员席多是半地下式，在看台下面。

按比赛规定，比赛的双方队在赛前应以抽签的办法选择攻守权，获得先进攻的队应到三垒外的队员席就座。一般比赛的惯例是让客队先攻，那么主队应在一垒外的队员席。

垒球运动器材

投手板

用白色木板或橡胶板制成。板长 0.61 米，宽 0.15 米，固定在投手区内，与地面齐平。投手板前沿与本垒尖角的距离称为投球距离，男子垒球为14.02米，女子垒球为12.20米。比赛时规定，投手必须触踏投手板进行投球。

本垒板

用白色橡胶板制成，呈五角形，固定在地上，与地面齐平。正对投手一边长度为45厘米；两边与击球区平行，长22厘米；尖角两斜边与一、三垒线交角叠合，长30厘米。

垒包

用白色厚帆布制成，内装棕丝等细软物。一、二、三垒垒包均为边长38厘米的正方形，厚7.6～12.7厘米。一、三垒垒包应整个放在内场，二垒垒包的中心放在两垒线的交叉点上。垒包应用钉固定在地上，以免移动。

双垒包

用两个垒包连接而成。呈长方形。长76厘米，宽38厘米，厚不超过13厘米。垒包的一半为白色，钉在一垒垒位的界内地区，另一半为橙色，钉在界外地区。比赛时，为避免击跑员和一垒手发生冲撞，击跑员跑一垒时只可踩踏界外地区的橙色部分，而一垒手只可踩踏在界内地区的白色部分接球。国际垒联举行的世界锦标赛中，规定必须使用双垒包，其他比赛则不受此限制。

比赛用球

规则规定比赛用球应整洁光滑，用明线缝合，圆周为30.2～30.8厘米，重量为177～200克。球芯可用优质长纤维木棉、软木和橡胶混合物或聚氨酯混合物制成，再用高质纱线涂上乳胶或橡胶粘结，用手或机器绕成。球的表面用优质铬革、马皮、牛皮或合成材料与球芯粘牢，再用棉线或尼龙线双针缝合而成。针数不少于88针。

按国际垒球联合会规定，国际锦标赛用球的规格有两种：A. 圆周30厘米（合12英寸），白色线缝合的球用于男子和女子快投垒球、青年男子快投和慢投垒球、青年女子快投垒球比赛，红色线缝合的球用于男子慢投和五男五女混合组队的慢投垒球；B. 圆周 27 厘米（合 11 英寸），红色线缝合的球，重量为 165 ~ 175 克，用于成年女子及青年女子的慢投垒球比赛。上述两种规格的三种球都应在球上标明 I. S. F.（国际垒联）英文缩写，在 30 厘米红色缝线的球上还应标明 MSP – 47 字样。

垒球比赛用球

垒球的缝线

垒球的缝线至少 88 针，是双针对缝的。这只是技术上的问题，因为少于这个针数时，针孔之间的球缝就会凸起来，不符合“球面整洁平滑”的要求；多于这个针数也没有必要。

球棒

用木或合成金属等材料制成。棒面平滑，呈一整体圆柱形。握柄一端较细，用胶带或其他合成物缠绕。最长限度为 86. 4 厘米，重量最大限度为 1077 克，直径最粗处不得超过 5. 7 厘米，握柄包缠的长度为 40 厘米。

准备活动球棒

垒球运动器材。指准备击球员在准备击球区作准备活动用的球棒。重量和粗细可超过合格的球棒，可以有固定的铁圈或带翼状物体附在球棒上。比赛时不得携带进入击球区击球。

教练球棒

垒球运动器材。指教练员训练防守时用以击球的球棒。比一般球棒轻而细，能自抛自击。

手套

手套是每个队员防守时使用的接球工具，用皮革或人造皮革制成，有连指和分指两种。不同的位置所用的手套也有区别。接手和一垒手用的是连指手套，也就是食指、中指、无名指和小指连在一块的手套。这两个位置的队员接球次数多，投球的速度快，所以接手的手套既圆又厚，能很有效地保护手；一垒手的手套较长较厚，便于接更大范围的各种来球。其他位置的队员都戴分指手套，但外场手用的手套较内场手的手套稍长、稍薄些。因为内场手传球的次数多，要求便于接稳又容易"掏"出球来；外场手则要在奔跑、跃起等情况下接各种击出的球，首先是能接到球，手套稍长有利于接球。

规则对接手、一垒手用的连指手套以及其他队员用的分指手套在掌宽、指长、虎口上下沿等部位的尺寸都有严格规定。任何一种手套的虎口处都允许用整块皮革缝制或用皮条编成，把拇指与其他手指连接起来，但不得编成网兜状。还允许任何队员使用分指手套。规定要求投手使用的手套必须是同一颜色，而且不准是白色或灰色，以避免与球的颜色相混淆。其他守场员可戴任何颜色的手套，但手套背面不得有白色或灰色圆圈。

护具

规则规定场上的接手必须戴面具、护胸和护腿，击球员和跑垒员都要戴带有护耳的护帽，以保证运动员的安全。

垒球帽盔

垒球运动器材。用硬质塑料制成，内填海绵以减少冲力。进攻队击球员和跑垒员必须戴帽盔，用以保护头部。击球员专用的帽盔有一耳盖可保护耳部。

垒球面罩

垒球运动器材。用粗铁丝焊接组成，前有空隙以免影响视线，并连接一活动小片保护喉颈。接手和司球裁判员在比赛时必须戴面罩，用以保护脸部。

垒球护腿

垒球运动器材。用厚帆布或硬塑料制成，两端连接硬块，膝关节和踝关节可灵活活动。接手和司球裁判员在比赛时必须穿戴，用以保护腿和脚。击球员在击球时也常戴较短小的护腿。

垒球护胸

垒球运动器材。用帆布或人造革制成，内填条状软物以减少冲力。接手和司球裁判员在比赛时必须穿戴，用以保护前胸。

运动服

同队队员应穿颜色和式样一致的整齐运动服，包括球帽、内衣、运动衣、球裤、球袜等。不允许穿衣袖破烂或撕裂成条的、露在外面的内衣或球裤，也不允许佩戴金属、石膏等硬质装饰品或手表、手镯、耳环、项链等首饰。

计数器

裁判员用于记录比赛情况，握在手中的用具。常是硬塑、扁长形。它的两个长边各有两个稍突出的带齿小轮，分别计出“球”数、“击”数、出局人数和局数。每个小轮内有卡簧，只能向前不能倒退，每搬一次都响一下，计数器正面相应的圆孔中就会标示数字，一目了然。垒球比赛规则复杂，情况变化快，以裁判员判罚为准，计数器必不可少。

PART 6 项目术语

曲棍球运动项目术语

干扰球棍（stick checking）

比赛中，队员用球棍钩扣、推压、击打或用手抓住对方队员球棍，以致于影响和干扰对方进行正常的击球，称为“干扰球棍”。

开球（bully；face off）

比赛过程中，每半场开始或每进一球后，均需“开球”。开球时，球须静止放在场地中间，由开球一方的队员做一个向后传球动作。此时双方其他队员均须站在本方半场内，并与球保持至少4.57米的距离。

运球（the dribble）

击球基本技术的一种。指利用手腕和手臂的自然摆动力量，连续不断地轻轻拍击、拨弄和推球，使球向前运行。

任意球（free hit）

队员在本方射门区以外犯规，一般均判罚任意球。罚球时，应将球静止地放在犯规点，由主罚队员击球或沿地面推球，不准铲击球、推挑低半球和挑高球。其他队员均应离球至少4.57米远。主罚队员将球击出后，在未经其他队员触及前，不得再击球和接近再次击球的距离以内。在男子比赛中，如攻方队员在守方14.63米线以内为犯规，则守方可在垂直球门线穿过犯规地点的14.63米线上任意一点执行。在女子比赛中，攻方如在守方的射门区内犯规，则守方可在射门区内任何一点上执行。

点球（Penalty spot）

防守队员在本方射门区内犯规，其行为为阻止对方射门得分时，判罚“点球”。球须静止地放在离球门6.40米的罚球点上。除守方守门员和攻方主罚队员外，其他队员均应站到守方23米线外。允许主罚队员向前跨一步，用推球、挑拨球或挑球射门。守门员在对方球未击出前，任何一脚不得离开球门线，救球时不得举棍超肩挡球。

短角球（penalty corner；short corner）

防守队员在防守时，故意将球击出本方球门线，或在本方23米线内故意犯规、本方射门区内犯规时，对守方的一种判罚。罚球时，将球静止地放在离守方球门柱9.14米处的球门线上，守方最多有6名队员站在本方球门线外，其余队员站在中线外。攻方除一名击罚球的队员外，其余队员均必须站在射门区外，直到球被罚出。如罚出的球未被守方队员触及，攻方必须先停球，然后射门；如采用手停球，则须待球静止停在地上后射门，否则无效。

长角球（long corner）

守方队员在本方23米线内，无意地将球碰出本方球门线时，由对方一名队员将球放置在距角旗4.57米以内的球门线或边线上，将球击入场内。击球方法与短角球相似。

侵人（personal foul）

比赛中，撞、绊、推、踢、拉、打对方队员，称为“侵人”。如在本方射门区以外侵人犯规，判罚任意球；在本方射门区以内侵人犯规，则判罚短角球或点球。

挥击球（cross hit）

运动员利用手臂和腰部力量，由后向前挥棍将球击出的方法。其特点是力量大、球速快、运行距离长。多用于较长距离的传球、击 14.63 米球和射门。

室内曲棍球运动（indoor hockey）

1950 年，联邦德国出现将室外曲棍球改在室内进行的球类运动，称“室内曲棍球”。场地长 37～47 米，宽 18～23 米；球门宽 3 米；双方各出 6 人；所用曲棍与室外相似。但一些规则有更动，只许推击球、无长角球、无越位等。

推球（push stroke）

击球时，球棍置于球的后方，紧靠着球，利用棍柄的顶端将球推送出去的一种基本击球方法。多用于短距离的传球，具有准确性高的特点，是后卫传球给前卫或前锋、前卫传球给前锋的常用手段。

推击球（flick）

击球动作与推球相似，击球时两臂与身体重心向前移动，同时利用手腕动作猛推和抖动，使棍面向上倾斜，推击球的下半部分，使球弹离地面平飞。推击球常用于射门。

推球入界（push－in）

一方队员将球越出边线时，则应由对方一名队员在出界的边线外，将静止的球用球棍沿地面推入或轻敲入场内，球入场继续比赛。在球未经其他队员接触，该推球入界队员不得再次击球，也不得进入击球范围内。推球入界时，其他任何队员（含球棍），均须离球至少 4.57 米。

铲击球（scoop）

击球基本技术的一种。指运用手腕力量，使球棍的头部抽击或撞击球体，将球击打离地运动的一种击球技术。常用于传球和射门。

球门球（goal ball）

当攻方队员将球击出端线，或守方队员在后场线外故意地将球击出端线，由守方队员在正对球出界处的 14.63 米线上击球，重新开始比赛。击球门球时，除出球队员外，双方其他队员均必须离球至少4.57米。

接球（helding）

可分为双手执棍接球、单手远伸停接球、翻棍接球和手停接球等。常用于傍球和对球的控制。

超肩（Stick）

比赛中，队员在停球或击球时，将球棍的任一部分举起超过肩的同等高度，均为“超肩”。如在本方射门区以外超肩犯规，判罚任意球；在本方射门区以内超肩犯规，则判罚短角球。

守门员踢球（kick seve）

守门员在球门区内利用两腿劈叉、弯曲、转向，以及用脚挡住对方的射门的各种动作称为守门员踢球。1958年第三届亚运会上，男子曲棍球被列入正式比赛项目，后历届亚运会均设此项目。1990年第十一届亚运会上，巴基斯坦队共获得七次男子冠军，印度和韩国也各获一次冠军。1982年第九届亚运会上，女子曲棍球始被列入正式比赛项目，印度队夺得冠军。

阻碍（checking）

比赛中，队员以身体或球棍插入对手与球之间击球，或在持球时将身体置于对手与球之间，以阻碍对手抢球，以及阻碍对手使同伴击球、得球，均称为“阻碍”。

垒球运动项目术语

根据垒球竞赛的性质和比赛人员的构成，一般把垒球术语划分为进攻术语、防守术语、裁判员术语、技术统计术语四种。

进攻术语

击出之球（Batted Ball）

即投出之球触着球棒，或被球棒击中之后，无论落在界内区或界外区者。其无意之击球亦同。

击球区（Batter's Box）

即限制击球员的打击区域，击球员在该区内得意图协助队友得分，其区域的边线亦包括在内。在投球之前，击球员之双脚必须完全在击球区线之内。

障碍球（Blocked Ball）

即击出或传出之球，被未参与比赛的人触着、挡住、抓住或触着非正式比赛用具，或非比赛球场之任何物体。

四坏球上垒（Base on Balls）

即击球员获得四个坏球时，裁判员给予击球员安全进至一垒。注：（慢投）若投手有意投四坏球时，仅告知司球裁判即可。不必投球就可以保送击球员上一垒。

打击顺序（Batting Order）

即进攻队正式上场比赛的球员名单，其球员必须依此顺序上场打击，且名单上必须记载各球员的防守位置及球衣号码。

击球员（Batter）

在击球员区内击球的队员。

击跑员（Batter - Baserunner）

即球员在完成打击之后，尚未到达一垒，亦未被判出局的球员。

跑垒员（Runner）

安全到达一垒后继续进行进攻活动的队员。

触击球（Bunt）

不挥动球棒但有意等球碰棒或用棒轻触来球，使球缓慢地滚入内场的击球。

擦棒球（Foul Tip）

碰触球棒后迅猛而直接地到达接手手中，并被接住的击球叫“擦棒球”。没有接住就不是“擦棒球”。每一“擦棒球”均判一“击”，继续比赛。

内场腾空球（Infield Fly）

在二人出局前，一、二垒或一、二、三垒都有跑垒员时，击球员合法击出落在内场或内场附近，并为守场员（包括外场手）轻易接住的界内腾空球（平直球和触击腾空球除外）叫“内场腾空球”。这时判击球员出局，继续比赛。

牺牲打（Sacrifice Hit）

击球员牺牲自己安全上垒的权利而使跑垒员进垒得分的击球。

盗垒（Stealing）

跑垒员在投手投球时试图进占下一个垒位的行为。

防守术语

封杀（Force Play）

守场员对击跑员进行传杀或对由于击跑员上垒而被迫进垒的跑垒员进行传杀的防守行为称作“封杀”。这种攻守局面叫“封杀局面”。

触杀（Tag）

守场员用手或手套牢固地将球握住，同时以身体任何一部分触垒或持球的手或手套碰触跑垒员的防守行为。

双杀（Double Play）

守场员防守无失误而使进攻队两名队员连续出局的防守行为。

三杀（Triple Play）

守场员防守无失误而将进攻队三名队员连续传杀出局的防守行为。

选杀（Choice）

守场员在处理界内地滚球时不传杀击跑员而传杀前位跑垒员出局的防守行为。

暴投（Wild Pitch）

偏离本垒板致使接手无法经过正常努力接住的投球。

失误（Miss）

守场员经过努力没有接住球或传好球，致使进攻队队员安全进垒或得分的防守行为。

裁判员术语

好球（Strike）

投手的合法投球符合下列任何一种情况时称作“好球”。

（1）击球员击球或触击未中；

（2）击球员未挥棒击球，但该投球的任何部分在飞行状态中通过了好球区的任何部位；

（3）击球员两“击”前击成的界外球；

（4）击球员触击成的界外球；

（5）投手投出的球通过“好球区”在未落地前触及击球员；

（6）击球未中而球触及身体；

（7）“擦棒球”。

坏球（Ball）

投手合法投出的没有直接通过“好球区”而击球员又未挥击的投手投球。

安全（Safe）

裁判对跑垒员合法取得欲占垒位的裁定。

出局（Out）

进攻队队员被取消击球、跑垒或得分的权利，或者防守队为使本队改守为攻，使进攻队失去3次进攻机会之一称作“出局”。

界内球（Fair Ball）

合法击出的球如遇下列任何一种情况时均为“界内球”：

（1）停止在本垒至一垒或本垒至三垒之间的界内地区；

（2）击球在界内地区触地后越过一、三垒垒位后从垒位后面的界内地区滚出外场；

（3）触及一垒、二垒或三垒垒包；

（4）落在一、二垒和二、三垒的垒线上或该线外的界内地区；

（5）在界内触及裁判员、比赛队的队员身体；

（6）从界内地区上空直接越出本垒打线。

界外球（Foul Ball）

合法击出的球如遇下列任何一种情况时均为“界外球”：

（1）停止在本垒至一垒或本垒至三垒之间的界外地区；

（2）地滚球在经过一、三垒垒位时，从垒位外侧的界外地区滚入外场或继续滚出界外地区；

（3）腾空球第一个落点在一、三垒垒位后界外地区；

（4）在界外触及裁判员、比赛队的队员身体。

申诉（Appeal Play）

即在比赛中或死球时，裁判员未接受防守球员、指导或教练请求前，不得做出判决。申诉必须在投手投出次一球之前提出，无论其投球合法与否。若在攻守交换或比赛结束所有防守队员离开界内区时提出，则不予接受。若是防守球员提出申诉时，其必在内野区。

投手犯规（Balk）

垒上有跑垒员时，投手的不合法行为称作“投手犯规”。这时判跑垒员安全进一个垒。

得分（Run or Score）

进攻队队员击球后跑垒并依次踏触一、二、三垒，最后安全踏触本垒的进攻行为。

暂停（Time）

裁判员按规定暂时中断比赛时所宣布的口令。此时场上为“死球局面”。

妨碍（Interference）

进攻队员阻碍、阻止或干扰正在进行防守的守场员的行为。

阻挡（Obstruction）

守场员没有持球，也不是在接球而妨碍跑垒员进垒的行为。

垒球好球区

技术统计术语

好球区（Strike Zone）

在本垒板的垂直上空，高度在击球员肩部上沿与裤腰上沿之间的水平线，低限在双膝上沿之间的立体区域称作“好球区”。

好球区的范围根据击球员准备迎击投球时所采取的自然站立姿势确定。

局（Inning）

比赛双方分别因3人出局而交换攻守各一次称作“一局”。一方一次进攻称作“半局”。

死球（Dead Ball）

暂停比赛的击球、传球、投球称作“死球”。这种暂停比赛的局面称作“死球局面”。

活球（Live Ball）

处于继续比赛过程中的球。

安打率（Batting Average）

安打率=安打总数/自由击总数，它是衡量击球员击球效果的重要技术指标。

防守率（Fielding Average）

防守率=接杀+阻杀/接杀+阻杀+失误，它是衡量守场员防守效果的基本参数之一。

投手责任失分率（Earned Run Average）

投手责任失分×9/投手投球的局数，它是衡量投手投球技术水平高低的主要指标。

PART 7 技术战术

曲棍球运动技术战术

曲棍球基本技术

曲棍球运动是综合性强、富有技巧的运动项目之一。它的主要特点是在比赛中要经常地变换使用各种不同的技术动作，以高水平的技术、技巧进行竞争和对抗。而这些技术、技巧是靠双手操纵一根球棍来完成的。虽然这个项目与足球有许多相似之处，但是用手去掌握技术、技巧，比用脚灵活得多。

握棍技术

球的任何运动都必须通过棍去完成，因而正确握棍就显得很重要，运动员必须在击球时始终左手在上，右手在下握棍，左手支配棍的方向，右手发力。

左手在棍柄的顶端握紧，左手虎口正对棍叶的钩头。为了转动方便，左手食指在转动时顺贴棍柄伸直，使球棍同左手腕成同轴转动，便于拨转控制球和反手击球。

右手握在左手的下方大约 35 ~ 40 厘米处，五指握空拳相应放松，为使球棍在右手掌心内旋转自如，右手对球棍不要握抓过紧。以左手为转动轴，右手为转动支点，使球棍随左手的转动而自然旋转。要求每次旋转的棍头钩嘴部分都要旋至与地面垂直的角度，这样才能准确拨动球和反手击球。

握棍时两手间距离不是固定不变的，根据击球方式、推球、挑球、停球和运球的不同动作而变换和调整。

运动员在比赛中的握棍姿势

目前还出现一种最新式握法，即左手的虎口正对弯头的背面，这种握法使得转动更加自如、灵活，左手食指也不必伸直，便于运控球，但对击球稍有不便。一般前锋采用这种新式方法，也可在击球时调整左手，使虎口稍向外旋。

运球技术

比赛中运动员都要运球。运动员运球的形式应根据场上的情况进行变化，因而运动员必须具备全面的技能。一般来说，跑速越快，通过有效跑动得球的机会越多。想要在整场比赛中高速运球，很好地控制球，就必须左手持棍在身体左侧运球，或右手持棍在身体右侧运球。

运球是个人技术中最重要的基本技能，也是个人战术的一个组成部分。运球过人的能力是衡量个人技术水平的标志。熟练地掌握各种运球技巧对每个队员都具有十分重要的意义。

在运球时，不断地改变行进方向、变换速度，调整身体位置和步伐、变换握棍手法是发挥高水平运球技术的基础。一个人的创造性才能和技术特点，将在运球的技巧中体现出来。它需要具备良好、完整、熟练的基本技术和技巧，以及高度的、灵活的应变能力。在比赛中，只要情况允许，就应大胆地使用运球技术去突破对手，组织进攻。但是必须强调的是：所有高超的运球技术都存在着丢球的危险性，过多地盘带球，就可能贻误战机，减缓进攻节奏，失去破门的良机。一旦运球失误，对方就可能发动反击而使本方处于被动地位。适当使用运球技术，是衡量一个人战术意识、竞赛技能的重要标志。

运球有许多不同的方法和技术要领，这里只介绍两种基本的运球技术：

1. 原地运球

握棍方法：左手握紧棍柄的末端（不留头），虎口对着棍背，食指伸贴在棍柄上。右手抓握棍柄中部成空拳放松，便于球棍转动。球棍与左手腕形成一个转动轴，右手为转动支点，使棍头向左，做上下翻转运动。随着球棍的转动加上右手推、拉的动作，左右拨动运球，球在转动的棍头的包含之中左右移动，即为原地运球。

原地运球时，也可把球放在右前方，这时应左脚在前。拨动球时，球不是左右移动而是前后拨动。

常见的错误：

（1）棍头转动角度不够，无论棍头的钩嘴向上还是向下，都必须转成与地面垂直；

（2）棍头只在球的上方空转而球移动甚小；

（3）拨转的球用力不均，使球移动太远或方向失去控制；

（4）抬不起头，两眼离不开球，视野太小。

练习原地运球，只是为了能够达到熟悉球性的目的，帮助掌握、精炼基本技术，在实战中并无多大用处，但必须经常练习方能获得高超的运控球技能。

2. 运动中运球

运动中运球的握棍方法基本同原地运球，两手的动作要根据球的运动情况更为灵活。球应始终控制在前方或右前方。身体要适当前倾，两腿稍屈，降低重心，脚步移动速度要与球速相适应。运球的路线应有直有曲，速度应有快有慢。

运球的方法包括以下几种。

右侧推球行进：将球置于右侧前方，用棍面紧贴球，向前推球，始终保持球不与棍面脱离。这种方法在平整的场地经常使用。现阶段用得更多。

拨转球行进：在原地运球的基础上，迈开步伐前进就是拨球行进。基本要领是：球不离开球棍，而棍头上下翻转不离开球，使球左右移动，并呈“之”字形向前跑动。

曲线运球：不仅运球路线是曲线，而且运球的动作也是综合性的。球做大幅度的左右摆动，加之变向跑动形成一条曲线运动，是比赛中最实用的运球技术。球离身体较远时还要结合单手持球钩拉、敲击等动作。

运球姿势

运动中运球最重要的两点：

(1) 要抬起头，扩大视野，不要两眼只盯球，观察周围情况是很重要的；

(2) 身体和球棍都不要离球太远，以免失去对球的控制。

传球技术

传球是曲棍球技术中最重要的技术，要传接球成功，关键是传球者与接球者必须协调一致。传球者应该首先具备良好的基本技术，才能做到准确传球；而接球者则应积极跑动，制造空当，使传球者容易找到目标，并有效地控制球，才能使传球成功。传球基本技术包括：推、击、挑，这里简要介绍传球技术的共性与要点。

1. 推球技术

推球是一种最常用的传球技术，特别在人工草皮场地上，可以大幅度地快速传球，而且球的方向不易改变，但球速比击球慢。

推球是快速、简练、平稳而又准确的传球动作，有利于同伴之间的协作配合。推球有大力推球和轻推球之分，除了用力大小不同以外，其他方面是完全一致的。因为推球没有预备动作，也不需要事先挥摆球棍，所以推球技术不仅速度快，而且具有突然、隐蔽以及方向多变的特点。无论是跑动中还是处于静止状态，都可以随心所欲，随时运用推球动作。那些具有欺骗性的传球和射门动作，也是靠推球来完成的。因此，推球在曲棍球技术中占有重要的地位。

（1）推球的握棍方法：

左手抓握在棍柄的末端，留出一个拳头的位置，右手在左手下方，两手拉开距离，相距大约 30 ~ 35 厘米（基本上右手抓在球棍的中部）。两手都要抓紧，左手虎口要对准棍叶的钩头。在运动中，在击球握法的基础上，加大两手间的距离，就可以完成推球的动作。

（2）推球的姿势：

两脚平行叉开，略比肩宽，重心平分在两脚上。左肩正对出球方向，双膝弯曲，上体前屈。推球时，球棍的棍叶紧靠球，向前推转球，球大约滚转 5 ~ 10 厘米，然后两手同时发力：右手向前猛用力，左手则向后用力，形成杠杆运动，同时右腿用力蹬地伸直，顺势转体，面向出球方向，身体重心移到左脚上，并配合腰部的转动，使力量过渡到棍头上，球突然滚出，完成推球的动作。推出的球沿地面滚转，既平稳又快，方向准确，具有一定的速度和力量。

（3）球的位置：

球放置在两脚中间，偏向左脚，比击球的位置稍后一些。

常见的错误：

双脚站位太宽；

上体太直；

用转体带动球棍；

球离身体太远；

太靠前或者太靠后；

双手出球时有翻腕子的动作，这样球容易挑起（如果做推挑球的动作是正确的)。

(4) 运动中推球:

运动中推球是常见的实用技术。握棍方法基本同静止推球,两手发力及上体动作基本一致,但球的位置及两脚的位置并不强求一致。根据脚步的位置不同,出球方向也不一样。

(5) 应用范围:

用于近距离短传配合;快速出球;混战中推球解危;近距离推射门;发短角球;变向或隐蔽式传球等。

2. 击球技术

严格地说,击球可分为重击球(大力击球)、轻击球(前臂击球)和反手击球。

(1) 重击球

重击球的握棍方法:左手在上,抓握棍柄末端,留出一拳头的位置,左手的虎口正对棍叶的钩头,右手在左手下方,两手靠紧、抓实。

击球姿势:原则上向哪一侧击球,哪一侧脚位于前方。通常重击球都是从右侧摆棍向前方或向左前方及左侧击球。通常右脚在后,左脚在前,呈"L"形,两膝稍屈。开始摆棍时,重心基本平分在两脚上,随着向前挥棍的动作,重心逐渐移向左脚。接触球的刹那间,身体自然前倾,右腿蹬直。不宜前倾过大,不要以身体的移动来带动球棍,而是随着球棍的摆动顺势移动重心,上体随球棍的运动而自然前倾或转体。击球时,球棍不要离地面过高,防止抡空或只打在球的顶部。太低,棍叶就会打在地面上而削弱击球的力量。

球的位置:击静止球时,球应放在距左脚横向 30~35 厘米处,向前不超越左脚。球棍接近垂直于地面时击触到球最有力量,并能随心控制出球的方向。跑动中大力击球时,也要把球调整到身体前方或右前方,如同静止时的位置。

应用范围:重击球适用于击发任意球、边线球、长角球、远距离传球和大力射门,适用于后卫或前卫解除危险的破坏性击球。

比赛场中运动员击球动作

(2) 轻击球（前臂击球）

轻击球时，两手也要紧靠在一起，抓握在离棍柄末端三分之一处的位置上（棍柄末端留出 20 ~ 30 厘米）。轻击球挥棍动作快，摆动幅度小，灵活自如，力量并不小。

轻击球的姿势：如同重击球，但比重击球要灵活一些，两脚可前后也可平行站立。球的位置在两脚前，也可偏后一点。挥摆球棍时，不需要配合身体的转动，主要靠小臂的力量和腕力。两膝屈蹲的幅度稍大一些，上体适当前屈。

应用范围：轻击球适用于混战中出球、快速击球、短传球和近距离快速射门及配合过人。

(3) 反手击球（反棍击球）

反手击球是从左向右击球，左手向外翻转，使棍头的钩嘴朝着自己，棍面转至右手面。

站位方法：右脚在前，两脚前后叉开。摆棍时上体向左转，右肩对着出球方向。

球的位置：放在左前方离右脚 30. 35 厘米处，可超过右脚水平线。也可把球放在正前方，这时两脚要平行叉开。

击球时，球棍从左向右摆动，两臂要放松，摆动自然，主要靠前臂和腕用力，少用腰腹背的力量，应尽量使棍叶的最大面积接触球，不要只用钩嘴的末端，这样可以获得最大力量，球棍与地面接近垂直时击到球最为理想。

运动中反手击球，要注意调整球的位置和脚步。对于体前球也可用钩嘴的末端向右侧快速反击，这样出球快，但没有力量，适用于短传配合。

应用范围：反手击球应用范围很广，是必备的基本技术，也是最实用、最重要的比赛技术，主要用于直接向右侧传球，特别是左边锋、左内锋、左前卫，更为重要。所有队员，当其所在位置不利的情况下或混战中解危时，使用反手击球，常获得良好的效果。反手击球也可用于近距离射门和左侧传中。

常见的错误：摆棍不自然，上臂不放松；球棍接触球的位置不够正确，出球方向不准；有时摆棍超肩，常因步法错误而抡空。

3. 推挑球技术

推挑球介于推球和挑球之间，是在推球的基础上发展而来的。推挑球的握棍方法、脚步站位、上体姿势、球的位置、发力情形都跟推球一致，只是在球出手的刹那间，同时翻转手腕，且使棍头向上用力（右手向上旋，左手往下翻），使球被推挑离开地面。一般受规则限制，只推挑低于膝关节的低空球。

（1）应用范围：

多用在越过对方球棍的堵截和躲过对手的铲球动作，用于低空穿越性传球。在雨天，常用推挑球来横越积水区而不使球减速。重要的是用在罚点球时的射门技术上。

（2）注意：

所有固定球的发球，都不能使用推挑技术，因为直接将球推起的发球是违犯规则的。

4. 挑球技术

挑球在曲棍球运动中一度被视为次要的技术，随着规则的改变和人造草皮场地的出现，挑球技术逐渐被重视起来。在打快攻、对付中场多人紧逼或后场长传反击战术时，也都利用挑球。许多前场进攻突破是从挑球开始的，也常常借助于挑球给同伴制造进圈打门的机会。但是有些队员往往不能合理准确地运用挑球技术，或者运用的时机不当，违犯规则中有关“危险”的规定；或者运用过多，被对手所注意；或者挑球技术不过硬，效果不佳。所以在实践训练中，不仅要求每个运动员准确地掌握挑球，更重要的是要学会如何合理地运用挑球技术。现代比赛中这是一项重要的战术技能。

（1）握棍方法：

挑球的握棍方法基本上同推挑球的握法一样，有时两手的间距稍大一些。

另一种握法是棍面向上，两手的虎口都正对棍面。在这种握法的基础上，有时也交换两手的位置，使右手在后，左手在前，便于向正前方挑球。

（2）基本姿势：

两脚的跨度比推球稍大一些。一种是左脚在前，右脚在后，大幅度地屈膝。开始准备时重心完全在后脚上，尽量降低，随着挑球动作的完成，重心提起并逐渐移至左脚上，同时右腿蹬直，右手配合向上用力，而左手则向下用力，将球挑向左前方和正前方。

球的位置如同推球。挑球时，球棍的棍叶底部紧靠球后侧下部。

另一种是右脚在前，球放在右脚的平行线上，其他方法同上，将球挑向正前方和右侧前方。

（3）运动中挑球：

首先要调整球的位置。对于向前滚动的球，追上球后，先将棍面翻转朝下压球，然后轻轻往回带一下球，再迅速翻转，棍面朝上，插入球的后侧底部将球挑起。

（4）应用范围：

从空中穿过对方密集的防守区域把球直接递到前场；摆脱对方中场的多人紧逼；后卫直接吊球反击；当守门员离开球门时的远端射门；等等。

（5）注意：

尽管挑高球是一项非常重要而又有威胁的传球技术，但在人群中（包括起点和落点）是不能运用挑球的。那些固定球的发球，也不准使用挑球。凡是使球的落点落在对方射门区内的任何高球都是犯规的。

（6）常见的错误：

球挑得较低，没有超过人头被视为犯规；

重心始于前脚或上体姿势太高，或是球离身体较远；

棍叶没有插入球的底部，只接触球的上部，很难将球挑起；

向上方用力过大，向前方用力小，挑起的球只有高度而没有远度。

停球技术

停球是一项重要的基本功，是一切技术、技巧的基础。没有停球，就没有各项技术。如果停不到球，所谓的战术、配合能力，以及个人技术、技能都是空谈。停球的基本功要经常练习，不仅要做到能停各种来球，而且要做到将球停在自己的控制范围内。除掌握静止停球技术外，还应练好运动中停球。

1. 握棍方法

基本上与推球的握棍法相似。有时为了更有把握，两手间距离可稍大一些，身体重心再低一些。

2. 基本姿势

（1）正面停球：

两脚水平分开，膝关节稍前屈，重心平分在两脚上，上体前屈。左臂屈肘并前伸，使球棍与地面形成小于90°的夹角。这样，球不会弹起或弹出很远，能把球停在棍下，便于控制。初学者在停球时，先要使球棍棍头对准来球，做引球状，当球棍接触球的刹那间棍头往后摆，左手往前伸，球棍向前倾斜，球自然停在棍下。

（2）右侧停球：

双脚可平行站立，也可左脚在前，左膝前屈，重心偏于左脚上，右脚在后，右腿略伸直，双手握棍与姿势同上。

对于离右侧较远的球，右脚在前往往才能停到球。

（3）左侧停球：

首先翻转棍头使钩嘴朝里（对向身体），棍面向前，球棍置于身体左侧，左手心对着来球方向，右手心向后，两脚平行，重心在两脚上，也可右腿在前，右膝略前屈，左腿在后略伸直，停球的动作如上所述。

（4）反手停球：

所谓反手停球，就是使钩嘴朝下来停球。对于右侧来球或是离身体左侧较远的来球，常使用反手停球。

（5）单手停球：

用单手持棍停球，是比赛中常见的而又实用的技术动作。单手持棍停球的特点是：球棍与地面夹角小，堵截的面积大，控制的范围大。常见的有右手持棍停球、左手持棍分体前停球和体侧停球等多种情形。

（6）运动中停球：

运动中停球是用于比赛中的停接球技术，具有重要的实战意义。它要求所有的停球动作在运动中连贯完成。这种停球不一定完全停死，一般将球停在理想的运动路线上，便于跑动中完成下一个动作，从而达到重新接触球的目的。这就要求两眼始终紧盯来球，随时调整脚步和姿势，重心要低。

3. 常见的错误

停球时没有迎球的预备动作，棍头没有往后做缓冲的接球动作，而使球停弹得太远，失去控制；球棍与地面的夹角大于90°，而使球弹起；两眼没有始终紧盯来球，尤其当来球力量很大或接近球的刹那间不敢看球，使球漏掉；使用脚或腿支持球棍停球。

折转球技术

也叫垫击球。利用来球自身的力量和速度，用球棍以需要的角度去接触球（有时也顺势加上一点外力），使球改变方向而折转到理想的传球位置或射门。在高水平的竞赛中，这一动作常用来一次触球折转，近距离垫击打门。因垫击球不需要停球，也没有专门的击球动作，它把两个动作合为一个动作，这样就起到快而巧妙的效果，常用在两侧传中球、长角球、门前击发任意球、向门区内大力发边线球时的垫击射门，经常收到奇妙的效果，是值得重视的一项得分技术。

单手技术

除前面讲过的单手停球技术外，在比赛中常需要单手持棍来抢球、断球、击球、钩拉球或破坏对手控制球，我们把这些技术统称为单手技术。单手技术对于左、右手都是一样的，除持棍略有区别外，动作性质左右相同。但左手技术是最常见的，而且在不断地发展，比赛中用途很广。这里主要介绍几种重要的左手技术。

1. 钩拉球

当球处于左前较远而又需要将球钩拉回来时，就需要用左手紧握棍柄末端，左脚向前跨一大步，同时上体前屈，降低重心，伸出左臂使棍面朝下，把球钩拉向自己，或是用棍头点敲球的前部使之弹跳回来。当球被钩拉回来时，随即双手持棍，来重新控制球。这一动作常在运动中进行，结合运球过人。主要靠前臂和腕力。

2. 铲搓球

铲球和搓球往往是结合在一起的联合动作，在铲球的同时配合做搓球的动作。

左手握在棍柄的末端（留出一拳之长），棍面向上，两脚前后或左右叉开站位，屈膝，上体前倾，做短而快的向前铲球的动作。有时要结合向前跨一步并配合搓起的动作。往往在正面防守，破坏对手控制球或跑动中向前运球时用铲搓动作越过对手的堵截。它既是运控球技术，又是防守抢球技术。

使用右手铲搓球的人也很多，只是右手要握在球棍的中上部较顺手（双手握棍也能做铲搓球的动作，只不过控制范围小，多用在运球过人上）。

3. 抡扫球

正面抡扫球，常带有危险性，为规则所不许。而侧面单手抡扫球，却是抢断球的一个绝技，尤其是左手抡扫球对于任何人都是重要的技术。无论原地、向前跨步或跑动行进中的抡扫球，都能收到很好的破坏对手控制球的效果。

对于已经被突破的前卫和后卫来说，这种技术是失利后的一种有效的补救手段。只要能从右侧追上对方，以左手持棍，从右向左对准球抡扫过去，即可断到球或破坏掉对方所控制的球。

抡扫球时，左脚向前跨一大步，重心落在左脚上，上体尽量前倾，同时松开右手，左手腕猛向外翻转用力，前臂随之向外抡展，右手松开时，顺势推棍加力，即完成抡扫球的动作。

注意：

左手既要用力抡击球，又要控制球棍的惯性，一般球棍由起始位置抡扫到最大的展开角度，以不超过90°最为有利。控制惯性的目的在于：避免犯规，便于尽快收回球棍，准备第二次出击或达到对球的控制。

做抡扫球时，至少要追跑到同对手等齐的水平位置上，如能超越对手半步，动作将更准确、有把握，而且不会犯规。

反棍弹击技术

反棍弹击是个人控制球及快手出球的技术动作，可用来传球。如加上搓起的动作，也可用来射门或运球。

握棍方法：如同推球握棍法，右脚在前（也可左脚在前），将球拨到左脚前，随即将球棍翻转过来，钩嘴朝里，棍面朝前。弹球前，重心后移到左脚上，右腿在前伸直，同时球棍的棍头在左手腕的控制下向后摆，双手同时用力，棍头向前摆将球弹击出。这一动作结合在运球过程中可做隐蔽式传球，在过人时运用也能收到出奇不意的效果。

守门员技术

守门员是全队的最后一道防线，他的根本任务是守护球门，根据位置、战术特点以及规则的特别规定，他除了必须熟练、全面地掌握上述基本技术外，还必须掌握专项基本技术，也就是必须灵活地使用两手、两脚和两腿（膝关节以下）去停挡球或出击球。无论单手停球、击球或左右脚挡球、踢球，都必须达到灵活、准确、有力、自然，随心所欲。

守门员技术综合性强，要求技术衔接严密，再加上在射门区享有特权，所以他比其他队员运用技术更灵活而广泛。

1. 踢球

踢球是守门员一项重要的技术。快速而有力的踢球不仅可以破坏对方的射门，而且能以此来解除危险。更重要的是要练成左、右脚都能利落、有力地踢球，而且要尽可能踢向远处，避开对方的锋芒。踢高球一般是有利的，但不要踢向人群，并力求有一定高度而不致引起危险。一般向两侧踢球是明智的。

（1）原地踢球时，预备姿势基本上是膝和腰都要适当弯曲，膝关节前屈，上体前倾，两脚向前平行，重心平落在两脚前掌上，全身保持平衡，两眼紧盯来球。

踢球时随着上体重心提起，支撑脚顺势向前跨出（一般向哪一侧迈出，就向哪一侧踢球），同时另一脚用脚前部用力踢球。踢球的同时身体重心应随踢球脚向前移增加出击力，不要把重心留在后面，上体仍保持适当前倾。必须单手持棍，左、右手不限，视习惯和需要而定。

向两侧踢球，靠支撑脚迈出的方向和上体自然转体来带动踢球脚而向侧面踢球。向左侧踢球，出左脚，向左转体；向右侧踢球，出右脚，向右转体。

（2）跑动中踢球

跑动中踢球是为了袭击对方失去控制的球或将停挡反弹较远的球处理掉。基本动作跟原地踢球相同，只是要注意在跑动中调整步伐，同时要注意摆腿不要过高，防止球从脚下漏掉。

（3）铲球和倒地踢球

铲球一般分正面铲球和侧面铲球。铲球也是守门员主动出击的一项破坏性解危技术。铲球时要求动作准确，一次奏效。必须结合跑动出击的动作。运用铲球可以处理掉比踢球较远的球。守门员常利用对手对球失去控制或即将控制球的时间差，以铲球方式抢先将球处理掉。

（4）倒地踢球

这是守门员在堵截对手运球企图过守门员时，一对一情况下运用的一项解危技术，富有冒险性。当接近球时，突然倒地，形似堵截，但又顺势横扫小腿，将球踢出。动作特点是，倒地与踢球几乎同时进行，横扫面积大。一般只在一对一的情况下，对手做大幅度摆脱过人时的应急措施，常收到好效果。

注意事项：

铲球和倒地踢球是一项重要技术，守门员必须熟练掌握，但不可常用。这个动作的最大弱点是，动作本身使守门员处于身体倒地（或半倒地）姿势，不利于下个动作的衔接；

必须准确判断球的距离，掌握时机；

倒地后应立即起来，尽可能缩短倒地时间。

2. 停挡球

从守门员的基本任务上看，停挡球是纯防守性的技术动作，直接保护球门，为本方取胜获得直接利益。停挡球是守门员应具备的最基本技术，它分为以下几种：

（1）双腿挡球

双腿挡球是常见的基本动作。基本要领是双腿靠拢，挡球时膝关节前屈，使小腿与地面成一定角度，使球不至于反弹太远，便于守门员对球的重新控制或处理。它的优点是：停挡的面积宽，把握性大，球能停在控制范围内，便于下个动作的衔接。缺点是：移动不灵活，对封堵两侧较远的球不适用。

（2）单腿侧挡球

比赛中常采用单腿（或脚）去停挡两侧的来球。基本要领是：出击前两脚不要并得太紧，也不能分开超过肩宽，太宽和并得太紧不利于某一脚的跨出。同时身体重心要下降，上体和膝要微前屈，如果身体直立会影响出腿的幅度。对于较远的球要尽力将腿伸出，这往往使支撑腿成半跪坐姿势，此时应尽快恢复站立。

单腿侧挡球有以下几种基本动作：

远距离停挡地面球，用小腿内侧；

远距离停挡空中球，用脚内侧或小腿内侧，对停挡髋关节以下的空中球比较适用；

近距离单脚挡球，用脚内侧或小腿内侧，似侧弓箭步，足内侧朝前（左、右相同）。

（3）手挡球

守门员除了用球棍和脚停球以外，还可以用手挡球，但不能将球抓住，也不能扑打，更不能用外力使球改变方向。

停挡低于髋关节的球时，一般手指向下张开；

对于高于髋关节的来球，手指向侧张开或向上张开；

对于远侧球可尽力伸直手臂或跃起。

（4）球棍挡球

用球棍挡球，对守门员来说是最危险的，但是在比赛中，守门员手中的球棍还是大有用处的，因此他必须熟练地使用球棍停挡球。这对于远距离的来球以及被突破过人的破坏性挡球，将收到良好的效果。但是守门员本人应清楚地了解他应在什么时候用脚、什么时候用手和怎样运用球棍。无论用什么办法挡球，都不是根本目的，关键在于挡球后的处理球，一般应将球迅速击出（踢出）射门区。向两侧出球是明智的。

3. 选位和出击

守门员严防死守球门

作为守门员，除具备基本技术外，还必须知道自己怎样正确地选位和适时地出击。虽然守门员活动范围很小，但不应该站在门前不动。他应根据球的位置及同伴的处境来不断调整自己的位置，切不可远离球门。球在侧面时，应主动靠近正侧球门柱。

守门员的出击是一种重要的防守战术。当后卫被突破时，进攻者与守门员就形成一对一的局面，这时守门员就要果断出击封堵射门角度，或截断对方的球，或将球停挡住，或用铲踢的方法直接解危。

守门员是最后一道防线，他的成功与否关系到全队的命运，所以守门员要练好各种基本功，以便在比赛中灵活运用。

曲棍球防守技术

所有防守技术基本上是无球技术，获得控球权并且不让对方射门成功是防守的最终目标。当对方得球时，防守的主要目的是延缓对方快速进攻和重新得球。欲达到这一目的，就必须运用一系列防守技术：盯人、掩护、夹击、尾随、封堵、抢断等。

站位技术

在训练中，教练员和运动员应给自己提出有关站位的许多问题。这些问题一般包括：

（1）对方会如何行动？

（2）我的目标是什么？

（3）持球者会采取什么样的行动？

（4）我能否限制他的行动？

（5）我能为有效防守起什么作用？

（6）我能否重新获得控球权？

（7）形势会发生什么变化，我应做出什么反应？

队员在防守中，从一开始就必须对对方的站位做出全面的反应（延缓快速进攻），但作为防守队来说，则必须对持球队员施加压力，使进攻机会减小。而且，防守队员的位置应不断变化，以便重新得球。

盯人技术

学习防守技术时，最好从盯人开始，因为它容易理解，并能使防守队员完全认识到他应站在球、对方和本方球门的什么位置。

一般来讲，防守队员应位于对方和本方球门之间的线上，距对方球员的距离依球而定，而且还要考虑到掩护其他防守队员的问题。对方球员传球的可能性越大，防守队员越要逼近。当球在对方场地而不在场地中央时，边卫应离开边锋靠前防守。

盯人的一个特殊目的是延缓对方传球，若球已传出，则应去拦截，阻挡或干扰接球队员，使其失误。在大多数情况下，防守队员必须注视球，注视被盯着的队员。

在中场，对守方来说，由于防守目的、对象相同，所以采取的技术也相同，但却有两种截然不同的方法。第一是人盯人，中场队员的责任是从后面和侧面盯住对手，伺机抢断传球，但更重要的是，当对方得球时去拦截他；第二是中场队员通过正确站位去抢断对方中场传球是首要的目标。这时，应在对方一侧或前面进行盯人。

事实上，经验丰富的球员一般都两种方法并用。前面盯人，特别应依靠个别能遏制对方传球机会的队员。当然最有效的盯人是在重新开球或球紧贴边线时。在拉开防线，加大压力情况下，一个中场队员紧盯自己的对手，还可进行突然反击。

防守掩护技术

防守掩护技术，就是给快速同攻方持球队员拼抢的本方队员从后面给以保护性策应。这一任务通常总是同盯人的任务紧密联系在一起的。在大多数情况下，使盯人和掩护两者达到有机的平衡是很重要的。在距攻方队员最近的一名队员掩护防守队员时，他就不能再去盯人（如自由中卫和自由后卫），但如果他前面的同伴被突破时（这时可采用夹击技术），他就成了直接防守队员。

夹击和紧逼技术

夹击是在持球队员急速带球突破一名防守队员，强行进入抢截区域时所采用的防守手段。

紧逼是防守队员通过身体巧妙移动，限制进攻队员前进的一种防守技术，它常常被用来强行制止对方移动，也能起到限制对方活动空间，限制进攻队员传球和把球带入较危险的区域。

封堵技术

封堵是一个防守队员紧逼持球队员的过程，其目的是：

（1）延缓带球队员向前推进；

（2）限制其传球机会；

（3）缩小持球队员可利用的空当和时机；

（4）迫使对方出错，争得持球权；

（5）给其他防守队员提供盯人和掩护的时间，给对方施加压力。

封堵应在某一对手接球之前开始，它同其他防守技术（盯人、掩护、紧逼、夹击、抢断）应结合进行。如果要对它下一个完整的定义，那么，封堵就是从掩护或进攻位置向盯人位置的一种移动。

进行封堵练习，运动员应问自己，一般情况时我应靠近到什么程度？掩护时我应靠近到什么程度？面对对手，我该如何行动？倘若我正手在对方前面，能转过手吗？持球队员向前移动时，我该怎样行动？假如他移动，我应移动多快？

封堵对方队员，封堵传球是锋线队员最重要的防守技巧之一。在重新开球，特别是在对方半场发任意球的情况下，如对方短传，那么锋线队员应封住对方的传球线路，对后卫队员加以认真的防范，这样会延缓对方的进攻时机，中场队员也可伺机拦截传球，前卫线可采用更有效的手段进行盯人和掩护。

在封堵一个后卫队员时，锋线队员的任务是迫使持球队员移动到自己的正手一侧。运用这种技术，对抢断和拦截传球来说，都比较容易，如迫使防守队员后撤，也是十分有利的。

抢球技术

抢球的最终目的是赢得控球权。但是教练员和运动员必须认识到，只有减弱对手对球的控制或在抢球过程中，将球击出，从而使防守队员赢得时机，才能把球抢到手。

当进攻队员被迫采取以下行动时，最容易把球抢到手：

（1）由于防守队员施加压力，而失去对球的控制；

（2）对防守一方有利的运球；

（3）传球水平不高，被对方抢断，或造成对方另一名队员抢球成功。

一些球员由于场上位置或站位姿势的关系，起初只采用一种或两种抢球方法，然而运动员应具备全面的抢截技术及手段。

偷袭技术

这种抢球几乎完全依靠突然袭击，所以它不像其他抢球方式那样费力。偷袭的主要特点是，防守队员在向前移动或通过他占有较大的活动空间时向对方球员发动突然袭击。

抢球时，左脚前跨，但身体重心不要过于前移，这一点十分重要。否则一旦抢球失误，要补救就非常困难。如果距进攻队员较远，从其身后或棍下进行偷袭时，必须注意，为了得到控球权，如有可能，防守队员应先单手持棍向前跑，然后重新两手握棍，也可以采用假动作，后退一步以观察进攻队员的反应。对这种抢球动作，进攻队员常常是把球前推，使球接近防守队员的脚部，利用反弹，再控制球。

正手拦截技术

这种拦截方法在比赛中经常采用。采用这种方法时，双脚不能拉得太开，要给正手一侧留有较大的活动范围。根据情况，防守队员可以不移动，也可随进攻队员一起跑动。

由于球在人造草皮场地上滚动十分平稳，棍对球可以起到有效的阻挡作用，所以水平举棍抢球特别适用于人工场地。为了利用棍的这种阻挡作用，防守队员就不得不弯腰，但这样他要很快改变姿势就有困难。

通过防守队员对进攻队员的封堵，逼其向一侧移动，常能造成正手抢球的机会，在这种情况下，通常总是左脚先向左或右轻轻迈出，因为这样防守队员可以很快改变姿势，诱使进攻队员到他的正手一侧。而当进攻队员向防守队员正手推进位于球的左方时，一般抢球和偷袭不同时使用。

场上形势常要求防守队员在同进攻队员一起跑动中，进行正手抢球，因此，防守队员必须站位得当，这样他就能够在跑动中使自己处于进攻队员的侧后方。这种防守技术的困难在于，必须在高速跑动中制造抢球机会。因而，同进攻队员应尽量保持一定距离，而不要盲目超越。

反棍抢截技术

左手抢截（大多数运动员左手是弱点）是更为困难的，因为运动员要处于支配地位，而且他必须从持球队员身体右侧得到球，这就受到有关规则的影响。规则规定，在抢球过程中，禁止防守一方身体、球棍触及进攻队员。

反棍抢截之所以困难，是因为，当防守队员处在进攻队员前面时，防守队员肯定要略靠近球门一侧。运用反棍击球时，就需先将球停住，使进攻队员冲到球的前边，或诱使进攻队员运球，使球进入对守方很有利的位置而截到球。

反棍抢球第二种方法是棍体水平贴近地面，但要成功做到这一点，防守队员应同球在一条线上或在球的前面。

在抢球时，只要有可能就应双手握棍，这样做很有好处，但单手持棍也为那些手腕和小臂力量较好的队员常所采用。

现代曲棍球各位置职责及打法

现代曲棍球比赛已发展到全攻全守的“总体”式打法，要求队员能胜任多种位置的职责。由于比赛攻守转换的规律，决定了进攻与防守技术的差异。多人制、大场地比赛的原则，又决定了不同位置技术的差异。因此，比赛中尽管队员的位置多变，但每个位置还是有各自的主要职责和打法。

守门员职责及打法

守门员主要职责是守住球门。他要随时观察场上的变化和预见可能出现的情况，正确判断射门队员的出球方向，选择自己的位置、封住射门角度。他的主要活动范围是射门区。但是，守门员应尽可能扩大活动范围，协助后卫的防守。由于比赛日趋激烈，射门区更是集中争夺的地区，因此，守门员要在正确判断的基础上，当对方已越过后卫向球门运球时，在力所能及的情况下，应果断迎击。守门员封挡住球后，必务迅速而准确地把球传给处在有利位置的同伴，发动进攻。由于守门员处在最后位置，能纵观全局，还要注意发现本队进攻与防守上的不足，并及时提醒队员调整防守位置，起到指挥的作用。

边后卫职责及打法

边后卫负责防守对方的边锋或进入边锋位置的其他进攻队员的活动，尽力不让对手随意得球和从边路切入，破坏对方由边路发动的进攻。左后卫站位应靠近边线，右后卫站位应站在内线，以便用正手防守对手。被对方突破后要积极追抢，发现同侧中后卫或拖后队员弥补自己漏洞时，应立即回撤补位，交换位置和对手。另一侧的后卫应向中间靠拢，保持防守层次，以便准备弥补中后卫的漏洞和抢断对方的长传转移球。当对方从中路进攻时，除注意边锋外，还应适当向中路收缩，准备补中后卫的漏洞。左后卫所处的位置使他可以对任何人出现的漏洞进行良好的正手保护和补位。

后卫直接参加进攻是现代曲棍球打法的特点之一。当本方在射门区得球后，边后卫应立即跑向边路接应球，组织进攻。在边路防守得球后，应迅速摆脱对手，准确地将球传给同伴。在本队同伴得球发动进攻时，后卫要积极参加进攻。在本队边锋因里切或回撤而出现边路的空当时，后卫应及时利用这一空当插上进攻，起到边锋的作用，但参加进攻后应立即回位。

中后卫职责及打法

中后卫是防守的支柱，应尽力封锁通向球门的主要通道，保护门前射门区一带的危险地区，制止对方射门，随时弥补后卫队员出现的漏洞，组织好防守阵形。如设两名中后卫时，其基本分工是一名突前紧逼对方的中锋，一名稍拖后，负责弥补防线上的漏洞。每队可根据队员条件和打法，固定一人突前盯中锋，一人拖后，也可以两名中后卫轮流交替。

中后卫的进攻职责是准确地传球和接应同伴的回传球，有时也可以寻机插上进攻。中后卫插上进攻能使对方措手不及而收到良好效果，但要慎重。当中后卫插上进攻时，应有一名拖后队员或前卫后撤，填补中后卫位置。中后卫（或拖后队员）是防守的组织者和指挥者。

现代曲棍球比赛中，经常有一名队员拖在几个后卫的后边，负责弥补整条防守线的漏洞，他通常被称为“自由中后卫”或“拖后清道夫”。他处在整条防守线的后面，随时弥补漏洞和抢断对方的纵向传球，并负责堵截突然由后面插入门前的进攻队员，也负责填补因边后卫插上助攻而留下的空当。进攻时组织有效的反击并伺机插上。因此，“自由中后卫”要由技术全面、经验丰富、善于观察、机智果断、有组织和指挥能力的队员担任。

前卫职责及打法

前卫经常活动在球场的中间地带，即两个25码区之间，控制中场，起着前锋和后卫间的桥梁和攻守的枢纽作用。没有快速全面型的前卫是不可能完成全攻全守打法任务的。当中锋拉到边上或回撤时，中前卫要及时插上充当中锋角色。边锋里切或回撤时，边前卫要插到边线起边锋作用。前卫线的前后左右大范围的穿插换位和频繁插上进攻，是现代前卫线队员的特点。防守时，他们重点防守的是对方相应位置的前卫，努力控制中场。他们有时也退到射门区附近进行拼抢，并弥补中后卫和边后卫的空当。进攻时，负责前后接应和转移进攻方向，并直接参与锋线的进攻配合和射门。

中锋职责及打法

中锋位于进攻的最前线，通常是队内的尖刀和得分手，其主要职责是突破、射门、得分。进攻时他要利用传接配合、运球突破和奔跑速度来创造各种射门机会。同时，他还经常与边锋、前卫交叉换位，左右策应，扰乱对方防线，为同伴创造插上、切入或射门机会。同伴从边路突破后，他应及时埋伏在门前，准备接传中球射门。从中路进攻时，他应与同伴进行配合突破射门。一旦对方布好防线，严阵以待时，他应主动要球进攻或拉空当，为同伴创造机会。由攻转守时，他应立即回抢，阻挠对方反攻，破坏第一传或延误其反击时间。

边锋职责及打法

边锋的活动范围本应在球场两侧边线地区，担负边路进攻的任务。但现代边锋的职责和活动能力，已远远超过了上述范围。进攻时，边锋主要依靠个人突破和配合突破从边路打开缺口，因此，边锋要具备熟练的运球过人技术。一侧突破后，另一侧边锋要及时快速冲向本侧射门区进行包抄射门。边锋经常到中间与中锋交叉换位，甚至与另一侧边锋进行换位。边锋还应有意识地内切或回撤，拉开边上空当，为同伴创造突破机会。由攻转守时，边锋要紧盯防守自己的对方边后卫，特别是对方后卫突然插上参加进攻时，更要紧跟不舍。边锋不仅在前场和中场担任防守任务，甚至要积极地到后场回防，协助前卫和后卫防守对方边锋。

曲棍球进攻战术

进攻目的

在曲棍球比赛中，把球攻进球门很不容易。因为，进攻者必须首先使球进入射门区内，而这是一个很小的区域，并且还规定了“危险动作”、“阻挡”等限制运动员个人发挥的规则。控球技术是突破防守和创造得分机会的重要手段，因此它应是个人、小组及整个队水平的标尺。但在进攻中个人难免失误，而小组进攻的优点就在于可以相互策应，因而也就会有更多的射门机会。

在进攻中，获得控球权是最重要的，而当防守者预先在中场建立防守阵形时，一个队若不能突破防守，就不能转入进攻，更无法向前推进，也就没有得分机会。（守方越是有能力延滞攻方的进攻，攻方可利用的空间越少，进攻就愈加困难）因而可以这样认为，突破性行动是创造射门得分的主要手段。

进攻战术的原则

为了突破防线，创造射门机会，在安排进攻行动时，务必遵守以下原则：站位、策应、移动、相互配合、审时度势与随机应变、突破。

1. 站位技术

站位是指进攻者相互间的距离，如果进攻者能合理取位则形势对攻方有利，反之则对守方有利，因而这个问题值得重视。

合理的取位有以下优点：

（1）每一个进攻者的活动范围相应增大；

（2）使守方拉长防线，给防守造成更大的困难；

（3）使守方造成空当，攻方可以利用空当传球、运球。

2. 策应技术

策应，当进攻队员实施突破时，攻方必须在球的前后左右进行接应，好的策应能给一个队提供解决突破防守的若干办法。重要的是，队员要能对场上千变万化的形势迅速做出反应。对防守队员来讲，很难做到统观全局，而如果进攻者不能始终给防守者以压力，他们就没有获得真正的成功。

3. 移动技术

移动是指能根据场上形势及时变化位置，并根据整体配合进行相应的跑动。这不仅仅需要意识还需要基本技术，特别是对前锋来讲，这可能造成撕破防线和破门形势的改变。因而运动员不仅要重视取位，而且要有跑动的意识，并清楚自己是处在一个不断变化的比赛之中。

4. 相互配合技术

就一个队整体打法来讲，队员间的相互配合非常重要，而这种配合主要依靠平时的训练。

在训练中队员之间应相互提醒，这样可避免许多失误，例如，什么地点要球？什么时间移动？什么时间传球？传球力量多大？等等。

队员之间不要总是进行固定配合练习，当然，这种固定配合练习也有它的好处，因为对那些同时接近射门区的队员来讲，有利于彼此互相了解。

打好配合还需了解一个运动员的跑动目的，这是训练各种打法的基础。

5. 审时度势与随机应变

当每个运动员之间的相互配合和打法模式得到加强时，两个或两个以上进攻队员对场上变化就会达到默契配合，反应能力便会得到提高。打法及阵形的形成，也是一个队风格的表现所在。

由于场上情况千变万化，因此当决策失误或运动员面临意想不到的情况时，在总体打法不改变的前提下，必须允许，而且实际上也应赞许队员临场即兴发挥。

要鼓励运动员即兴发挥，但必须服从于整体进攻的要求，而不是牺牲有利于整体进攻的行动。一旦决定，行动一定要果断，同时也应做好准备向本队队员和教练员对自己这种行为加以说明。这种即兴发挥可以是有球队员，也可以是无球队员，例如，为了策应进攻而改变站位。

技术的发展与配合同不断提高的训练质量有密切关系，这是一个相互联系的过程。

6. 突破技术

突破对方防守指将球打入空当或球门一侧防守者的身后。但要做到这一点必须有熟练的运球、传球及策应技术。进攻队员必须搞清楚哪一个空当他们随时可以利用。事实上，总有一些空当可以被进攻队员所利用，只是大小、位置、占有时间处在不断的变化之中。作为进攻队员需要考虑的一点是，任何防守队员都不会给自己身后和球门一侧留下很大的危险空当。一旦出现空当，防守者也不会轻易让进攻者占据。

整个进攻过程中，进攻队员要根据防守队员的移动对形势反复权衡。经验丰富的队常能做出最佳选择并加以执行。这种选择就是一个队必须发展的打法模式，它可使运动员在某个区域内的配合更默契，动作更准确，成功的可能性更大。

一个队发展进攻战术所需的基本要素是传球、控球、运球技术、接应、换位和空当的利用。但只掌握这些技术还远不够用，必须使这些知识结合起来，才有可能在各种情况下使运动员的进攻战术得以提高。这些情况包括：

（1）当他们具有或能够从人数上占优势时，例如：4对3、3对2、2对1；

（2）当他们在人数上同对方相等时，例如2对2、1对1；

（3）当策应者位于球前时；

（4）当策应者位于球后时；

（5）当最佳区域被占领时；

（6）当最佳区域远离被占领区域时。

教练员要想在比赛中提高战术，其前提是，运动员必须有符合要求的良好的传球、跑动、运球、控球技术，有两人或三人的熟练技术配合。

整体进攻战术

1. 整体进攻战术原则

制造宽度拉开打，摆脱跑位出空当，

抓住时机不放过，耐心勿躁少失误。

保持纵深拉空当，有人接应有人切，

造成防守难度大，便于我方来传球。

保持控球情况下，尽量将球向前传，

寻找空隙传接球，伺机接近射门区。

场上情况多变化，进攻方法随机变，

机动灵活用战术，不能快攻打节奏。

进攻进入射门区，拼抢积极创机会，

拉空抢点要突然，抓住机遇要果断。

2. 整体进攻战术的方法

整体进攻战术是指比赛中一方得球后，通过队员之间的传递配合达到射门的目的而采用的配合方法。与局部进攻配合相比较，整体进攻战术的进攻面比较广，参加进攻的人数较多，具体运用中变化也更多。一次完整的进攻由发动、发展和结束三个阶段组成。

（1）发动阶段

一般指在本方半场发起进攻的阶段。发动进攻有两种方式，一种是快速反击，另一种是逐步推进。快速反击一般用长传或连续快速直传球，在对方全队压上而后场空虚时，采用此法效果较好。若对方后卫及时回防，后场较巩固时，一般采用短传、逐步推进，减慢进攻速度，寻找攻击点，一旦出现进攻机会就突然加快速度、突破防守。

（2）发展阶段

一般指中场附近到对方罚球区附近的进攻阶段。前卫是中场组织进攻的主要人员。一般来讲，通过中场要快，不要过多的横、回传。当前场队员交叉跑动出现空当时，进攻队员应及时传球或自己快速运球突入，把球推进到对方门前进行决战。当对方已站稳阵脚、收缩密集防守在射门区附近时，攻方就不能急于将球传入射门区，而应减慢进攻速度，寻找进攻时机和进攻点后，再突然加快速度展开进攻。这个阶段要注意进攻的节奏和时机，要控制住球。

（3）结束阶段

指在对方球门外22.9米线（25码线）以内的进攻阶段。这个阶段的进攻拼抢激烈，防守人数多，逼得紧，进攻要快速突然，只要在时间和空间上有进攻突破的可能，就要敢于运球突破，敢于配合切入，敢于抢点与射门。

一场曲棍球比赛，不是每次进攻均包括发动、发展、结束三个阶段，在中场或前场抢断得球后发动的进攻就无发动阶段，在对方射门区附近抢截得球后发动的进攻就只有结束阶段，在发动阶段球就被对方抢走就无发展和结束阶段。

战术阵形选择

现代曲棍球比赛战术阵形的发展越来越朝着全攻全守，增加中场争夺力量的趋势发展。基本战术阵形包括倒锥塔式阵形、均衡式阵形和欧洲式阵形等。

1. 倒锥塔式阵形

倒锥塔式阵形即 5—3—2—1 阵式，也叫全面技术型，以印度、巴基斯坦队为代表。

2. 均衡式阵形

均衡式阵形即 4—3—3—1 阵式，是从倒锥塔阵形发展而来的，以中国队为代表。

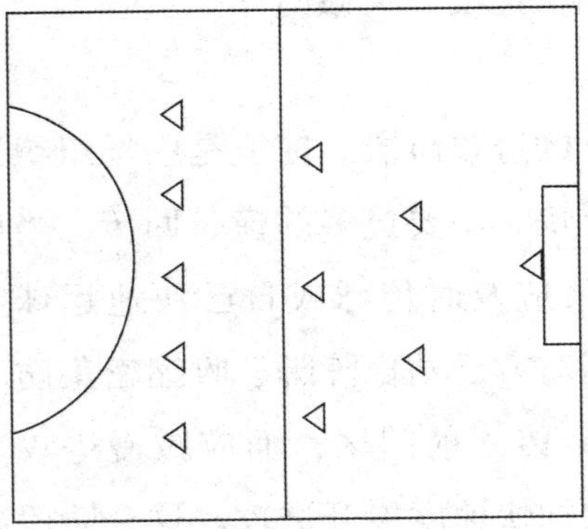

倒锥塔式阵形

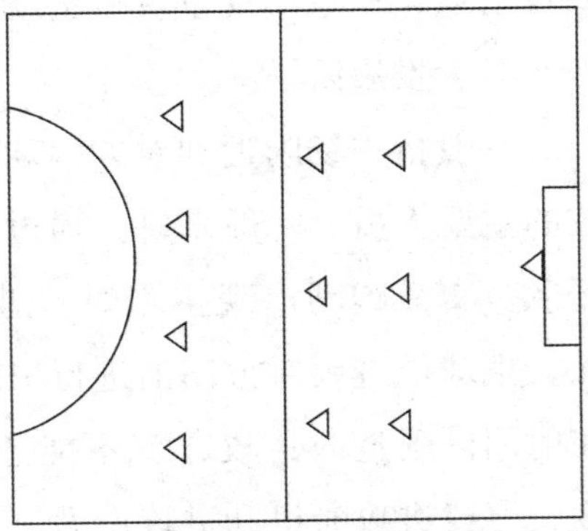

均衡式阵形

3. 欧洲式阵形

欧洲式阵形即 3—3—3—1—1 阵式，也叫全攻全守型，以荷兰队为代表。

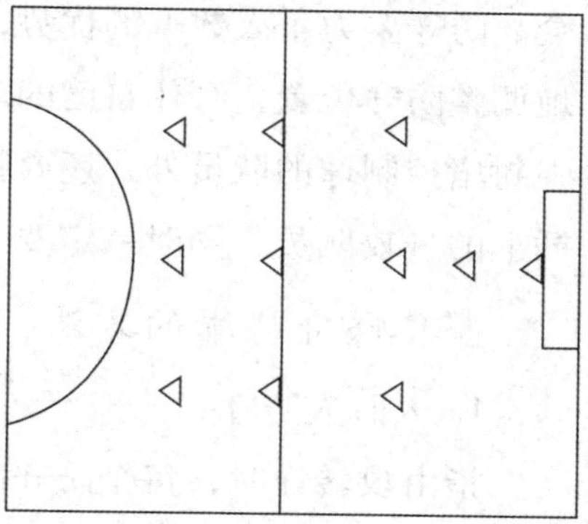

欧洲式阵形

需要明确的是，比赛的成功与否并非完全取决于战术阵形，没有哪一种阵形能保证获胜，胜负的根本取决于执行战术阵形的人。因此，应根据球队的水平和队员的组成，以及平时训练的基础去选择阵形。如果不考虑本队特点，生搬硬套地追求所谓的先进阵形，是极易导致失败的。

曲棍球整体防守战术

整体防守战术的原则

1. 延缓或破坏对方发动进攻

进攻队一旦失球，失球队员或在他附近的队员应立即靠近对手，不让其向前快速运球推进，并阻挠和封堵其向有威胁的区域传球，特别要阻止对方发动快速反击，这将有利于其他同伴迅速回防和调整防守位置。如果对方已很快地控制住了球，防守持球队员就不能盲目猛扑、乱抢，应迫使其作横传、回传。这样可以达到延缓和减慢对方进攻速度，争得时间，使己方队员回防到位，形成整体防守的目的。

2. 迅速回位布防

在一个队员延缓和减慢对手进攻速度的同时，其他队员都应立即迅速回防，缩短防守阵线，减少防守队员之间的距离，争取人数上的优势，保持防守的纵深，组织中场紧逼，这样既可减少对方传球配合，又可限制进攻队员的活动范围。此时要特别注意保护紧逼持球队员的同伴，这是防止对方突破的重要手段，也可为重新获得球创造条件。

3. 严密封堵射门区和保护球门

防守最根本的任务是封锁射门区和保护球门，不使对方射门得分。

当对方已经突入射门区时，这时防守队员就要拼抢，破坏对方射门机会。防守要力争人数上的优势，实行全面盯人，队员要随时观察，不断地调整防守位置，盯住自己的对手，决不让对手离开自己的视线。除顽强封堵控制球的队员外，还要特别注意盯紧切入的队员或从中场与后场插上的进攻队员，同时一定要避免犯规。

整体防守战术的方法

1. 人盯人防守

指由攻转守时，每个防守队员盯住对方一个相应位置的对手，封锁对方的进攻活动，不给对手任意活动及传球或接球及控制球的机会。

这种防守方法虽然积极，但是如果有的防守队员不能看住自己的对手就会使防线出现很大的漏洞。另外，人盯人防守消耗体力较大，因此在比赛中单纯采用长时间人盯人防守方法的比较少。

2. 区域盯人防守

是由攻转守时，根据场上队员位置的分布，每个防守队员防守住一个相应的区域，在对方某个队员跑入本区时，对他进行积极防守，限制他的进攻活动。

这种防守节省体力，缺点是对方可以任意交叉换位或进行传接球配合，造成守方局部地区以少防多的被动局面。目前这种比较消极的防守方法，在比赛中已很少采用。

3. 混合防守

就是把人盯人防守和区域盯人防守结合起来，有的队员进行区域盯人，有的队员进行对号盯人；或者在有的区域进行人盯人防守，有的区域采取区域盯人防守。

混合防守一般采用3个后卫盯人（或前卫也盯人），前卫和前锋区域盯人，拖后自由队员执行补位的任务，也可采用指定队员盯死对方重点人物的方法。

当前，全攻全守的打法在防守上要求发挥集体的力量，当对方掌握球时，每个队员都有防守任务。对方若在他们自己半场控制球时，前锋队员应及时回抢，迫使对方多作横、回传球，以阻止对方快速反击，延缓对方的进攻，使本方前卫能及时回防到位或对号盯人，后卫能及时调整防守位置，盯住对方前锋。若对方在中场抢到球开始进攻时，守方前锋应盯住对方后卫或及时回防中场，前卫和后卫要从进攻状态立即转入防守状态，进行封堵抢断。本方队员以最快速度组织好防守队形。

在防守时，射门区附近和门前是最危险的区域，尤其在射门区内，要严密防守，防守人数要相对集中，要加强相互间的保护，保持防守层次，减小空隙。另外，防守队员还要紧盯进入这一区域的对手，做到形影不离。

垒球运动技术战术

垒球技术

接球技术

1. 接平直球

接球前，正对传球方向，两脚自然开立与肩同宽，双膝微屈，重心下降稍向前移，肘关节微屈并自然下垂，合手将手套置于胸前，手指向上，眼盯来球，略提踵准备移动，准备用手套的掌心接高于腰部的来球。如果来球低于腰部，接球时，手指朝下，掌心向前。如果来球偏左，接球时，两臂左前伸，同时手指朝左，掌心向前对着来球。如果来球偏右，接球时，两臂旋内右前伸，同时手指朝右对着来球。

2. 接腾空球

接球前，面对来球方向，两脚开立略宽于肩，左脚在前，两膝微屈，上体前倾，两臂放松置于膝关节前或腹部前，两眼注视来球方向，准备移动接球。接球时，根据高飞球的来球路线判断其落点，随后迅速移动步伐，面对来球，自然站立，屈肘，手臂上举置于额头前上方，手指向上，掌心向前，两眼盯住来球。当来球接近手套瞬时，两手要主动前伸迎球，在额头的右前上方将球接住，同时两臂顺势后引缓冲，准备做传球动作。

3. 接地滚球

接球前，面对来球方向，两脚开立略宽于肩，前导脚在前，屈膝，上体前倾，重心落在两脚的前脚掌上，两手臂放松置于膝关节前，两眼正视来球。接球时，根据来球轨迹调整移动步伐，正面迎球，双手靠拢前伸，手套张开贴地，手指向下对准来球。当地滚球刚弹跳离地面瞬时或从最高点开始下降瞬时，在两脚连线中心前30厘米处用双手将球接住。随后迅速合套护球稍后引，同时传球臂后摆，垫步准备传球。

传球技术

快、准是传球技术的总要求。要在“准”的基础上发挥大胆传快球的风格。传得“快”和传得“准”的关键，在于充分发挥手臂、手腕、手指的爆发力量和掌握好球出手的时间、位置和方向。在比赛中还须熟悉规则，了解战术的要求，这样才能当机立断，运用自如，以最快的速度将球传准，完成防守任务。

1. 传球技术动作（以右手传球为例）

一般常用的传球技术动作有肩上传球、体侧传球、低手传球和下手抛球。其中肩上传球是最主要最基本的传球技术，肩上传球传得较远又传得准，适用于中远距离传球。其余三种传球技术适合在跑动中或俯身接低球时采用，也适合在接球后保持原来身体姿势很快地传近

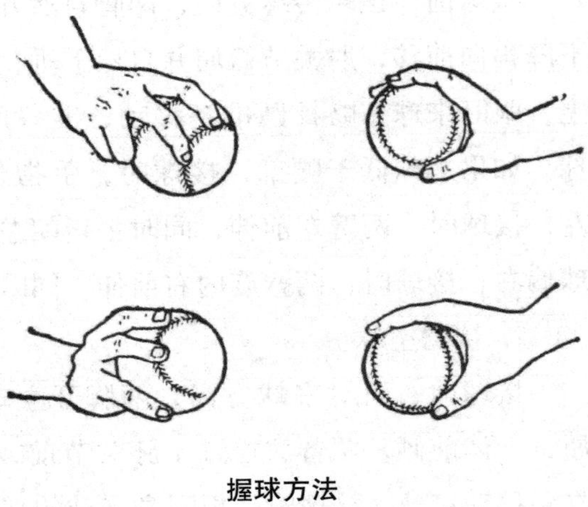

握球方法

距离或两侧的球。

（1）肩上传球

握球方法：一般手指较长者可采用三指握法，手指较短者用四指握法。三指握法，是食指和中指自然分开紧贴球的上面，大拇指第一关节扶球的左下侧，无名指微屈以指侧托球的右下侧。四指握法是食指、中指、无名指自然分开紧贴球的上面，大拇指在左，小指在右托球。

肩上传球

不论用三指或四指握法，手心都不贴球。握球不要过松或过紧，过紧则手腕僵硬，过松则在摆臂时球易脱落或滑出，这都会影响传球的速度和准确性。

传球方法：准备传球时，右脚脚尖略向右，重心在右脚上。右手握球经体侧后摆至后斜上方，上臂与肩平，前臂微屈。在摆臂的同时，转体使左肩对目标，左脚向目标方向伸踏，以整个脚掌着地，落在右脚延长线的左侧。

当右脚蹬地，左脚伸踏着地的时候，髋关节前移并向左扭转，快速转肩以肘带动前臂前甩和扣腕，使球在右肩上以食指和中指压拨的力量把球传出。球离手后，上体可顺势微向左侧下压，右脚脚跟稍离地外转，留在体后。左手在左脚伸踏的时候，屈肘后引，手套置于左腰前。

传远距离球时，可采用幅度较大的摆臂动作。如需快速传近或中距离球时，摆臂可改由胸前后引，到举球过耳部时，快速出肘甩动前臂和手腕把球传出。整个前臂和手腕呈鞭打动作。身体转动和左脚伸踏动作都较小、较快。

（2）体侧传球

传球动作基本与肩上传球相似，不同之处是摆臂经体侧后摆至侧后

1　　2

体侧传球

方，手臂与肩平，利用腰的扭转力量带动肘和前臂，最后以手腕内转和利用食指、中指、无名指的力量把球传出。摆臂方向应与地面平行。

（3）低手传球

俯身接低球或地滚球后，右手顺势后摆（后摆动作很小），同时左脚跨前一小步，以前臂和手腕的力量在体侧下方将球传出。

（4）下手抛球

下手抛球技术只适用于近距离快速传球。传球时以单手握球，手臂下垂，由体侧向前摆臂，用手指动作轻轻将球抛出。

2. 传球注意事项

（1）传球时，眼要始终注视着目标；

（2）左脚伸踏方向不要过于偏右，否则影响腰的转动。正确的伸踏是右脚、左脚和目标在一直线上；

（3）举球在肩上时，屈肘角度不要过小，或肘关节向后翘；

下手抛球

（4）运用小摆臂的肩上传球时，防止持球不过肩即出手或以推球动作出手；

（5）手腕动作要放松有力。在做抽鞭扣腕动作时，不要僵硬；

（6）球出手前，防止右脚过早离地，或向前跨出；

（7）球出手后，手臂自然伸直，顺势微屈并向左侧下垂，防止过早屈臂；

（8）传球时，左手不要横放在胸前，否则影响上体转动。

封杀和触杀技术

封杀和触杀是防守队员在垒上或两个垒位之间，持球踏垒或持球触及跑垒员的身体，致使击跑员或跑垒员出局的方法。

1. 封杀技术动作

在一垒，一、二垒，一、三垒，或一、二、三垒有跑垒员时，如击跑员即将进占一垒，这时原占该垒的跑垒员必须被迫进垒。在到达下一个垒之前，如防守队员持球踏垒，即作为封杀局面，判该跑垒员出局。同样，当跑垒员在防守队员直接接住击球员击出的腾空球前已经离垒而须立即返垒之前，防守队员也可用持球踏垒的方法封杀该跑垒员。

持球踏垒封杀的方法有两种：

（1）如防守队员在垒上接距离较远的传球而不需要再继续传球时，应以身体正对来球方向，一脚踏在垒包的前沿，另一脚跨前一大步，两臂前伸，力争提前把球接住（如一垒手）。如果接球后，还需继续传杀其他跑垒员时，则接球队员的手和脚不宜过于前伸，以免影响下一传球动作。

（2）在比赛中，如两个防守队员之间的距离较近（足以同时封杀两个跑垒员）时，则可利用熟练的传接球技术并快速移动脚步，进行连续封杀两个跑垒员的配合（即双杀配合）。例如，一垒上有跑垒员，当击球员向二垒手击出一地滚球时，游击手应立即上二垒接二垒手的传球，先封杀一垒跑垒员，再传球一垒封杀击跑员，构成双杀局面。

不论二垒手传球给游击手或游击手（或三垒手）传球给二垒手，二人之间的配合需要非常及时与熟练。要求作第一传的队员在接到击出的地滚球时，身体稍微转向二垒方向，接球后即以低手（距离较近时用下手抛球）快速、准确、轻巧地传球给上二垒的队员。传球的位置最好在接球队员的胸前右侧。上二垒接第一传的队员，应在另一队员接地滚球前即刻迅速上二垒。最好在一脚刚踏垒包的同时接住第一传。这时，另一脚顺势跨前一步，调整传球步点，踏垒包的脚急速离开垒包，向一垒方向跨步（离开内场线以避开跑垒员），然后将球传向一垒封杀击跑员。

2. 触杀技术动作

所谓“触杀”，就是防守队员以持球的手或以持球的手套，触及离开垒位的跑垒员的身体任何部位而使跑垒员或击跑员出局的防守动作。

触杀时，最好以双手持球触杀。正确的动作是：一手护球，将球保护在手套内，以轻巧敏捷的动作，用手套的背面触及跑垒员身体任何部位。如果单手持球或触杀动作过猛，就容易导致球脱落，造成触杀失败。

触杀滑垒的跑垒员

接球队员在垒前触杀滑垒的跑垒员时，可站在垒包的内侧（让开一部分位置给跑垒员），左膝屈膝在前，右脚近乎跪地，身体稍侧转，双手持球，以手套背面触滑垒队员的手或脚。也可用两脚跨立垒包的两侧进行触杀，但此种站法较危险，容易与跑垒员发生冲撞。

触杀在两垒之间奔跑的跑垒员时（又称夹杀或追杀），持球队员要持球高举，快速追逼跑垒员。当跑垒员离前面另一防守队员 2 ~ 3 米时，快速将球传出。接球的防守队员可乘机触杀跑垒员，或在跑垒员返身跑时追上去触杀。在追逐中应注意下列几点；

（1）在跑垒员跑动路线的两端要各有二人进行穿梭传接配合；

（2）传球队员与接球队员须在跑垒员跑动的同一路线上进行传接球；

（3）传球队员在追逐传球后，不要停留在垒线上，以免阻碍跑垒员跑垒；

（4）如在三垒与本垒之间夹杀时，力求在三垒附近完成触杀；

（5）触杀跑垒员的身体上部较好。

投球技术

垒球与棒球在投球上的重要区别，主要是投球的方法不同。规则规定垒球的投手必须用低手投球法投球——手必须低于臀部，手腕和体侧的距离不得大于肘部和体侧的距离。投手投球时，手和手腕必须同时前送，待通过体侧时方可使球离手。

1. 准备姿势

垒球投球方法有三种：绕环式（或称风车式）、后摆式（或称8字式）和弓式。

绕环式　　后摆（8字）式　　弓式

垒球三种投球方法

规则对投手投球时的准备姿势作了明确规定，无论用什么方法投球，准备姿势都必须遵守。投手准备投球时，两脚必须在地面触及投手板，不得离开投手板的两侧；投手投球前，须面对击球员，两肩与一、三垒平行，双手握球置于身前，整个身体至少保持1秒钟的静止，但不得超过10秒钟；投手须双脚站在投手板上看着接手接受暗号，接受暗号时双手须分开，一手持球。

投手准备姿势时，两脚开立约与肩同宽，轴心脚前掌与投手板前部接触，伸踏脚踏在投手板后半部，重心放在伸踏脚上。

2. 握球方法

垒球球体较大，握球方法可以是三指，也可以是四指：食指和中指压在球体上部，无名指在上侧，拇指在下部，小指微屈托在球的侧下方。

食、中和拇指要握住缝线。投球时主要这三个手指发力。无名指起保持球稳定的作用。即使是四指握球时，食指与中指应间隔小些，以保证力量集中。两指在球体中心线的两侧，如偏握一侧，投出的球就会走偏，力量也分散。

3. 绕环式投球

（1）起动与伸踏

两手合手从体前下移约至膝部，使两肩前移，两膝微屈使重心移到前下方，上体前弯。伸踏脚蹬板，重心移向轴心脚，伸踏脚与两臂一同向前上方摆动。随后用轴心脚用力蹬伸使重心再向前上方移动，两臂继续向前上方摆至约水平部位，投球臂持球继续向后转动，左臂保持水平前伸以维持平衡。当投球臂摆至头上并开始下降时转体，使左髋和身体侧对出球方向。

伸踏脚用脚跟着地在投手板前约 5～6 个脚掌长度，稍偏向投球方向的右边，脚掌迅速着地，同时屈髋、膝、踝关节以减小冲击力量。身体转向前方并带动右肩向前，以肩为轴转动，使投球移向出手点。

（2）出手

球的出手点在很大程度上决定着投球的最后结果，一般来说，出手点的高度在膝与髋之间。出手的方法有两种：一是球靠近身体，虎口对目标；二是球向外，手腕向目标——这样出手，球的高度较易控制，是目前普遍使用的方法。

无论是绕环式、后摆式或弓式投球，都要利用腿的蹬地、转体和屈腕动作来投球。转腰时，球向侧方，手腕侧向转动。也就是当摆臂时，身体、右臂肘关节内侧和手腕对着三垒，臂下摆时使肘关节内旋，手腕也自然会内屈。出手的刹那手指用力，同时轴心脚蹬板，膝关节要内旋，使两腿靠拢。重心向投球方向前移，轴心脚随势向前，但不能侧跨。身体挺直。

球出手时，屈腕时间要短，在重心下面。

（3）随后动作

球出手后，肘关节向接手前摆带动重心和肩向前。出手时掌心向下，手的高度稍比肩低。只有投某些变化球时，手比肩高一点。

4. 后摆式投球

后摆式以腰以上为活动范围，靠蹬地、上体的转动带动挥臂，力量很大。从准备姿势起动是先左后再向右利用反作用力，臂摆到左后最高点再向下摆或稍斜下摆，但投球时不能使球离身体太远。

后摆式要求左腿的力量大，因为下蹲支撑和蹬地前移都要用大力，腿力小支撑不住就容易使身体倾斜。还要求手腕力量大。

后摆式的出手角度低、球速快，使击球员很难辨别投球的变化和角度，所以威胁力强。但也因出手角度低，投某些变化球很难。

5. 弓式投球

弓式投球像钟摆，是靠反振的力量投球。投球臂的预摆动作——从准备姿势起动到握球手摆至最高点，比其他投法要高，以使投球力量大些。后摆应使肘关节的内侧稍稍向右，摆的幅度就大，还要使重心落在轴心脚的前脚掌和膝关节上，使力量集中在膝部和脚的指关节上，这样就有拧紧发条的感觉，然后再还原。

伸踏脚向前跨出时，投球手腕翻起。在摆至最高点又向下摆臂之间有一丝缓冲，这时要使肘关节和手腕放松。

下摆及其他动作同其他投法。

6. 变化球

投变化球分通过手腕对球施加旋转和手指对球施加旋转两种形式。

利用手腕旋转的变化球：

（1）外曲线球

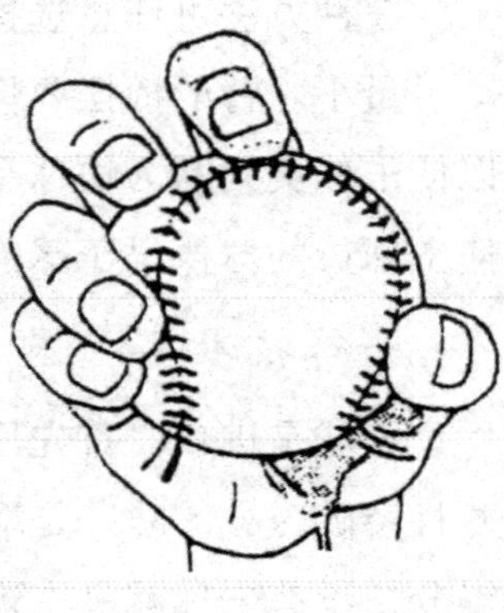
外曲线球

握球：食指与中指尽量并拢压在缝线内侧，握得要深些以利旋转。无名指与小指放松托在球侧，或屈食指，食指尖和中指压在缝线上。

投法：伸踏脚稍向轴心脚前方偏外踏出，投球手的手心、手指向上。出手时，手腕靠近身体向内侧旋转，利用食指、中指和拇指的旋转使球从食指与拇指之间投出。球应向逆时针方向旋转。球出手后，向前下方压肩转体，手应靠近身体，不要向前随摆。

（2）上升球

握球：方法同外曲线球。

投法：摆至体侧时，掌心向前，手腕向外翻起使虎口向上方。出手时，手腕从下向上翻转，掌心随之摆高并向后方。臂摆至体侧起，小臂与握球手应突出在前。

如果用屈食指的握法，投球时应使掌心向前，手指向下。出手时手腕上屈，用食指把球弹出。

（3）下坠球

握球：拇指压在缝线内侧，中指压在缝线内侧，食指与中指用力。

投法：摆至体侧时，掌心向前，食、中指向侧后下方。出手时，手腕边前摆边从下向上，向后又向外侧翻转，食、中指随球体翻转，肘关节应屈起上提。

（4）慢球

有三种出手方法：

拇指和小指握球，出手的刹那将手背翻向前投去；

拇指和小指握球，出手时掌心向前投出；

五指将球握于掌中，用臂的挥动速度使球离手向前。

三种方法可任意选择，主要是不用手腕的力量投，使球不转动或转动尽量小。臂的挥摆要像投快球一样，使球离手后有足够的速度向前，以使击球员判断为快球和起棒击球。球速的“前快后慢”形成时间差，使击球员的球棒早于球的到达而先挥过，造成击球不中。

击球技术

击球是进攻时首先用以对抗对方投手投球的手段。把投球击向场内并且突破对方的防守是取得上垒的条件，然后才有机会进垒和返回本垒得分，没有击球就没有进攻。

击球也是一项最复杂、最难学的运动技术。这不仅因为击球是用挥动着的球棒去碰击飞行着的投球，是速度与速度的较量；因为击球者各有其不同的身体条件，必须探索适合本人的技术技巧；还因为守方利用各种投球方法改变球的速度、飞行路线和性质等，来遏制击球效果，这都增加了击球技术的难度和复杂性。当然，还有一些其他因素也影响击球。

1. 球棒

球棒是击球的工具，也是影响击球效果的一个因素。应了解球棒的特点，选用合适的球棒，以提高击球的效果。

（1）球棒的种类

随着运动技术的提高和科学技术的进步，球棒的种类越来越多，各有其优缺点。目前，比赛中普遍使用的是木质棒和金属棒。

木质棒分普通木质棒和压缩木质棒。特点是握棒和击中球时手感舒适，弹性较好。用木质棒打革制球，由于棒中球时的弹性所产出的反作用力，可以把球打得更远些，这是其他种类球棒所不及的。木质棒要求木材的木纹直而均匀，没有结节，重量及硬度合适。但木质棒容易折断，保管不善也易变形。

金属棒是用铝或镁合金材料制成的，特点是坚固耐用。用金属棒打橡胶球能打得较远，但打革制球的效果不及木质棒。金属棒的手感和弹性稍差，中球时更明显。

（2）球棒的形状与结构

球棒因用途不同可分为垒球棒、棒球棒和教练棒，比赛中不准混用。不论哪种球棒都由尾箍、握柄、棒干和棒头四个部分组成，相互对称并保持一定的比例关系。

（3）球棒的重量

球棒的轻重影响挥棒速度和击球效果。如果球的重量、投球的速度和挥棒的速度不变，那么较重的棒因质量大而会产

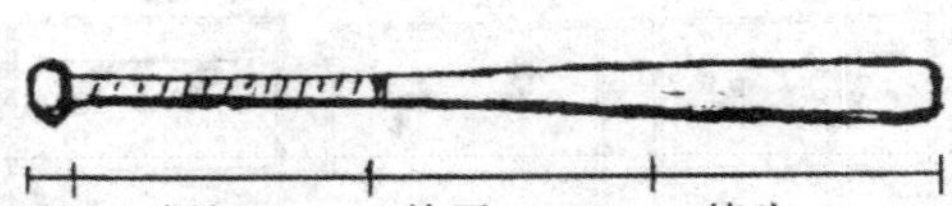

球棒的形状、结构

生更大的惯性，从而把球碰撞出去的速度更快，距离也更远。

要把球打得远，一应增加球棒重量，二应提高挥棒力量和速度。但并不是球棒越重越好，而应根据自己的体力、反应、技术等特点选用重量合适的球棒。球棒太重影响挥棒速度，还可能破坏正常的击球动作，得不偿失。

（4）球棒的重心

球棒在设计和制造过程中，已对它的重心作了仔细研究和计算，适合普遍情况。但个人使用，应亲自通过实践选择。

球棒的重心约可分成两类：第一类重心在前，在球棒长度（从棒的尾箍向棒头处）2/3 处 ±5 厘米范围内，木质棒、胶合棒、教练棒等多属这一类；第二类重心居中，约在球棒长度 1/2 处，各种金属棒、玻璃纤维棒、陶瓷棒等多属这一类。

2. 挥击技术

击球分为挥击和触击两类，各有不同用途，达到不同的战术目的。每位运动员都必须掌握两种击球方法，但应首先学习挥击技术，这是最基本的。

（1）准备姿势

脚的基本站法

它指击球员在击球员区持棒准备迎击投手投球的身体姿势。准备姿势的好坏对后继动作的影响很大，其中最重要的是击球员两脚站立的位置与本垒板的关系，它影响对来球的反应时间，球棒的有效击球部位能否覆盖本垒的有效范围，优性眼与优性手是否在同一侧。

脚的基本站法有平行式、

开立式和封闭式三种。平行式是基本和常用的站法，指两脚站立在本垒板中心点与投手板中心点连线的平行线上。这种站法既可以较迟挥棒，又能较有力地击球。

开立式站法：击球员的髋、肩、臂转向前方的程度比平行式和封闭式站法都大些，这使球棒挥到击球位置所须移动的距离比较短，也就是说挥棒动作所用的时间也较短些。它适合于不够果断，挥棒前需要多点时间判断来球，或者力量较弱的击球员。优性手（习惯手）与优性眼如果在同一侧的击球员，用开立式站法更为有利。

封闭式站法：击球员转髋、肩、臂的距离长，可以更有效地发挥向前转动的肌肉力量，击球时向球施加更大的力。如果击球员的挥棒有足够大的速率，又能在合适的击球位置上击中投球，那么可以使用这种站法。

站立时两脚约相当于自己的肩宽，技术熟练的击球员稍大于肩宽。不要站得太窄，否则易造成伸踏过大。两膝弯曲稍向内侧扣，身体重心稍偏后腿，上体自然前倾，头部侧转向投球的方向，下巴贴近前面的肩，两眼注视投手。这时身体不要紧张，只保持正确的姿势。

（2）握棒方法

有两种：①两手的第二指关节成一条直线；②上位手的第二指关节对着下位手的第二、三指关节的中间。无论用哪种握法，都应用手指握棒，不要用手掌握棒。一般是左手握在下位，小指靠近球棒的尾箍；右手在上位，两手紧靠，中间不留空隙。如果球棒较长或较重，可以将双手向上移几厘米，取得平衡。

握棒站立时，球棒可成垂直式或者折角式。垂直式的球棒重心在两手的正上方，握棒较省力，但击球时转动（从上向下）的角度大，球棒约需向下转动90°才能与球接触。折角式击球时须转动的幅度较小，但由于肌肉必须多作功而紧张些。

（3）伸踏

其目的是把准备姿势的重心从后向前移，为随后的挥棒迎击投球

完成伸踏姿势的击球员

动作做好准备。伸踏是击球技术的组成部分，直接影响击球动作。伸踏要做到伸踏方向和伸踏距离都很稳定，也就是不论击哪种球，伸踏脚都在同一地点着地，这样才可准确地判定投球的飞行及变化，准确地击中来球。

伸踏的距离一般应短些，约8~30厘米。伸踏动作幅度小，身体的移动和重心的起伏也较小，容易保持挥击动作稳定，还能减小头部的起伏，对注视投球的视线影响也小。

完成伸踏刹那的击球员如同拉成满弦的弓，后续会是有力而准确地挥击。

（4）挥击

击球员在准备击球的过程中，眼睛要特别注意投手伸踏脚和投球臂的动作，要集中精神看清投球离手后的旋转，判明来球到达本垒的时间和位置，从而决定是否起棒挥击。

握棒后引

正确的挥击动作是：后腿蹬地，转髋，转肩，挥臂，转腕由下向上挥动，逐级拉紧，以最快的速度将力量集中到球棒与球碰撞的那一点上。

当对方投手开始“握球下拉”时，击球员应提伸踏脚使重心再后移，双手握棒放松后引，后移重心时应保持前肩不起伏，眼睛盯住投手。动作要轻松，配合投手的投球动作节奏。

当对方投手开始“重心前送”时，击球员应立即伸踏；投手“投球出手”，击球员转体挥棒击球。

要想挥棒有速度和击球有力量，必须用脚抓牢地面，以转腰带动挥

转体挥棒击球

棒。转腰必须以身体中轴为中心，重心在前移、转动中保持不起伏。这样，眼睛能对来球判断得准确。判断球的要点是把投球出手至本垒板上空的飞行“看”成一条线，而不是孤立的球。对于球棒的运用，要能感觉到它是（下位）手的延长部分。在挥棒迎击、球棒又尚未碰撞来球前，肩与髋不要过早展开。

挥击时的身体转动与棒的轨迹

挥击的全部速度和力量集中到棒与球的撞击和前送的一刹那。这时，伸踏脚以脚掌内侧着力蹬直，“顶”稳重心不再前移，使转体、挥臂、双手及全身力量集中到棒头的中球部位上；将髋部和前肩展开正面对球，两臂及手腕也随前挥展开并前送，两眼始终注视球。这是挥击的关键。

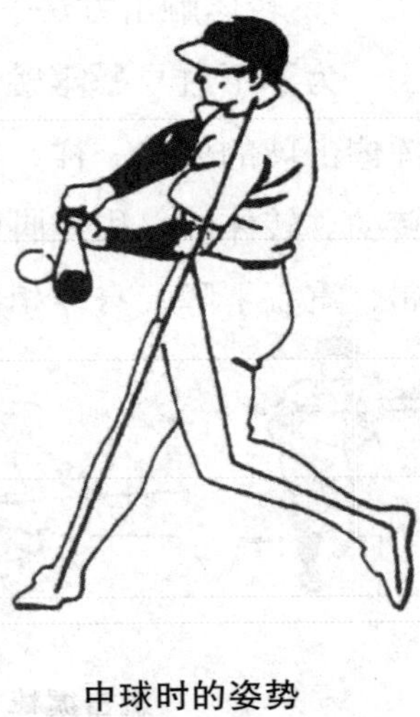

中球时的姿势

（5）随挥

球离开球棒后顺势放松，球棒随惯性随挥，经体前向肩后方，两手顺势滚腕、松棒，起步跑垒。

3. 注意问题

（1）从投手投球出手至球到达本垒上空，

大约要0.4～0.5秒的时间。这段时间内击球员一要判断来球，二要挥棒迎击。判断球的时间长能更准确，但挥棒时间就相应缩短，必须提高挥棒速度；如果挥棒速度慢，就损失了判断球的时间。

（2）垒球直径为9.5～9.9厘米，球棒粗端的有效打击部位约在顶端以下6～22厘米这一范围；相当1.5～2个球体。

（3）"好球区"的范围是击球员自然击球姿势时的膝盖上沿至腋部之间，分为高、中、低三个部位。不论击哪个部位的球，身体的转动及前挥的轨迹都要保持平面向前运动。

触击技术

击球员将球击得远，就会迫使守队退后防守，扩大防区，暴露前后空隙。如果击球员掌握时机，突然以触击方法把球击至近处，可使守队措手不及，阵脚紊乱，击球员就能乘虚上垒。垒上有跑垒员时如采用这种"触击"打法，效果将更好。

这种击球技术动作小而简单，容易中球，但也会过早暴露自己的意图，从而使守队立即将防守重点前移至本垒前方附近，击球员触击后也就难于上垒。因此，为了达到战术需要，触击动作愈是隐蔽愈好。

通常采用的触击方法有转体触击和腋下倒棒触击两种。

1. 转体触击方法

为了不过早暴露触击的意图，击球员开始的握棒和站立姿势与正常挥棒击球的姿势一样，在投手投的球刚离手的一刹那，击球员迅速向左转动。转体时，用左脚脚跟和右脚前掌转动，使身体正对投手，两膝微屈，重心下降，身体稍前倾，两眼注视来球。在转体的同时，左手握棒向左移动，使棒与地面平行于胸前。在移棒的同时，右手快速沿棒向上滑动，拇指在上，食指和中指在下，稍紧握棒的中段。要用左手控制棒的角度，右手控制击球

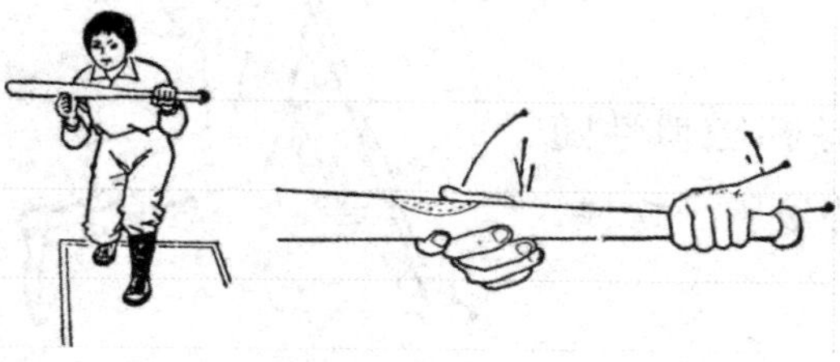

触击握棒方法

力量，双手握棒在体前，主动迎前轻触来球。

左手触击方法

击球员为争取自己安全上垒，多采用这种转体触击方法击球（称为上垒触击战术）。有经验的运动员常等球即将到达本垒时才转体触击，其隐蔽性更强。如果是左手击球员也可在投球即将到达本垒时，以单手或双手握棒伸前触击。在此同时，身体重心移向一垒方向，边跑边触击，这样可提前起跑，有利于上垒。但须注意触击时勿踏出击球区。

当垒上有跑垒员时，击球员为达到使跑垒员前进一个垒或抢入本垒得分的目的，往往预先作好触击准备姿势，更有把握地采取触击来完成战术任务（如“牺牲触击”、“抢分触击”、“跑而触击”等战术）。转体动作是左脚原地向左转，右脚向击球区前端跨前一步（形成双脚平行站立），两膝微屈，身体前倾并正对投手。

击球员在使用触击打法时，如发现守队队员冲前防守，可用力把球推出，使球快速在防守队员两侧穿过，或者立即把棒缩回，改用挥棒击球将球击出，从而使守队难以防守。

2. 腋下倒棒触击方法

击球员以挥棒击球的准备姿势站立，当球将到达本垒时，突然左手握棒向右臂腋下移动，右手沿棒向上滑动到棒的中段，棒头横倒，在身体右前方触击，使球轻落在本垒的左侧。

腋下倒棒触击

在比赛中，转体触击方法和腋下倒棒

触击方法相比，前者动作简单，容易击中球，并便于控制球的落点和方向，后者动作较难，但动作较为隐蔽。

3. 触击注意事项

（1）触击时的转体、滑棒和脚步移动要迅速及时。在触击球的一刹那，要使身体保持静止状态，特别是在使用“牺牲触击”和“抢分触击”战术时更要注意。

（2）要防止边跑边触击（左侧触击者例外）。因为在跑动中触球往往会影响中球，又容易造成踏出击球区击球的违例情况。

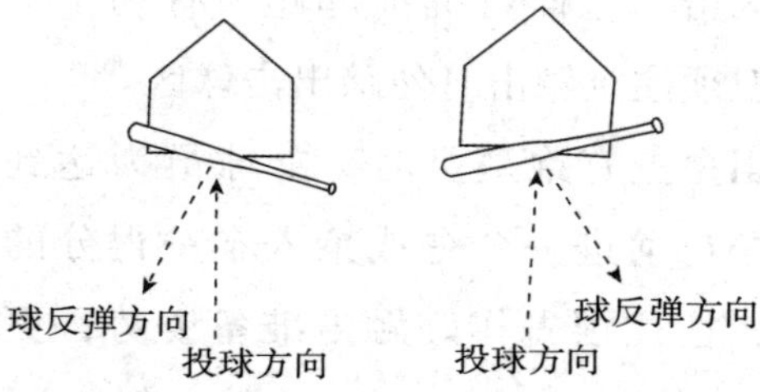

控制球的反弹方向

（3）向一垒或三垒方向触击，只把握棒端的左手向前后移动，使棒与来球成一角度，即可使球反弹偏向一方。如左手略向前移一些，即可将球触向一垒方向，左手略缩回靠近身体，就可将球触向三垒方向。

（4）触击前，应先了解场上战局情况和指导的要求，从全局出发，采用最适宜的触击方法。如运用不当，会影响战机。

（5）在场上已有二人出局或满垒的局势下，如采用触击时，动作要隐蔽，否则效果不大。

（6）“二击”以后，击球员不宜用触击，如击成界外球，或击球不中，就要被判出局。但在某种情况下，为了出奇制胜，也可偶然采用，但要谨慎，触击的方向要适当，以免触向界外。

（7）触击后，球棒最好抛在击球方向的另一侧，以免棒落地后再触及球，被判“击球违例”而出局。击球员也不要拿着棒跑向一垒，以免影响起跑和跑速。

跑垒技术

跑垒是进攻方克敌制胜的又一重要手段。一名优秀跑垒员，总是能够通过准确的判断，选择最佳的起动时机，利用最快的移动速度和与队友的默契配合上垒得分。然而，在这众多因素中，移动的速度并非是决定跑垒员能否上垒的最重要的因素，跑垒员的意识、思维，以及对比赛的审视能力才是最关键的。跑垒技术主要包括击球后跑垒技术、跑一个垒技术和连续跑垒技术。

1. 击球后跑垒技术

一局开始时，进攻方只有击球员站在场内。当击球员将投手的好球击出，起动冲向一垒时，则转变为击跑员。当击跑员成功占据一垒后，他才能被称为跑垒员。击球员的跑垒技术主要分为 7 个环节：

（1）起动阶段。击球员完成击球动作后，需要目送球的飞行轨迹判断球的落点以及比赛全局（瞬间完成），一旦意识到有上一垒的机会，要在第一时间转腰、起步，最后才放棒。

（2）加速跑阶段。起步之后，即进入加速跑阶段。起动时，击跑员应立即转体，双脚突然向后收回半步或一步，使身体的重心置于体前，脚尖指向一垒。撤步后，两腿同时向后蹬踏地面，并以小碎步的方式用脚前掌快速点地，双臂奋力摆动，力求在最短的时间达到最快的跑垒速度。

（3）匀速跑阶段（垒间跑）。加速跑出 4～5 米后，即进入匀速跑阶段。击跑员逐渐将前倾的上体抬起，步幅逐渐扩大，两眼注视垒包和一垒指导员的手势（若一垒指导员手势或口语指向二垒跑，击跑员应立即绕道拐弯跑垒），以保持最快速度冲垒。击跑员在半途要经过宽约 90 厘米的跑垒限制道，若防守队员在限制道内接球，击跑员有责任躲开他以避免冲撞，也有权沿着垒线内侧继续冲向一垒。

（4）冲刺阶段。这是踏一垒包前约 3 米的最后冲刺阶段，其技术要点是：体前倾，弯背低头，以一垒后方为目标全力冲刺（犹如百米冲线的感觉）。

（5）踏垒。在踏垒阶段，用左脚或右脚踩均可。踏垒时，务必用前脚掌踏垒包外侧的最近垒角，身体向外倾斜。踏垒阶段要掌握一项非常重要的技术——滑垒。该技术对于跑垒员或击跑员在危急时刻能否成功上垒具有非常重要的意义。

(6) 减速阶段。踏垒后可继续冲出几步（必须沿着跑垒限制线），最终减慢速度，并站回一垒。击跑员上一垒以及三垒跑垒员上本垒可以冲出垒包进行减速，一垒上二垒、二垒上三垒如果冲过，则会有被守方触杀的可能。

(7) 回到垒位。返回一垒时，切记从界外回垒，若从界内回垒则有被触杀出局的可能。若攻守行为仍在继续，在返回一垒后要做好继续进垒的准备。

2. 跑一个垒技术

击球员安全进入一垒后转变为跑垒员。跑垒员不论在哪一垒位，都应当集中注意力，积极判断场上局面，随时为攻占下一个垒位做好准备。跑垒员在一垒或二垒单进二垒或三垒时，有4个动作步骤：

(1) 准备起跑阶段。在准备起跑阶段，跑垒员必须在投手出手时才可以离垒。主力脚踏住垒垫的内沿，另一只脚自然跨出垒包一步，支撑身体重心，并两眼紧盯投手投球动作。在投手投球瞬间，蹬踏垒垫内沿起动。

(2) 离垒起动。当投手投球瞬间，击球员后脚用力蹬踏二垒或三垒的垒垫前沿，跑垒员重心前倾，以小碎步的方式快速踏地，双臂奋力摆动，以求最快的加速度。在起动过程中，跑垒员必须看清比赛局面（跑垒员决定实施“盗垒”、比赛出现封杀局面或防守队员出现失误的时候），坚决保持速度，快速冲向二垒或者三垒。当发现击球员的击球效果一般、上垒危险较大或者成功率较低时，跑垒员应当运用急停急转的技术，瞬间转身，迅速回到原来的垒位上。

(3) 垒间跑。当跑垒员认定继续跑垒后，应当继续保持离垒起动时的加速度，并保证最快达到最大速度。进入最大速度的匀速跑阶段后，跑垒员应逐渐将向前倾斜的上体抬起，步幅逐渐扩大，两眼注视垒包和跑垒指导员的手势，若跑垒指导员手势或口语指示继续抢进三垒或者本垒，跑垒员应立即采取连续跑垒技术攻抢三垒。

（4）踏垒急停。跑垒员在即将到达所攻占的垒位（二、三垒）前的3～4米时，有两种急停的方法。一是跑垒员先将身体重心向后倾斜，步幅逐渐缩小，并努力控制身体平衡，在垒前主动降低身体重心，并以左脚为轴，猛地向左转身，提拉右膝，以右脚前脚掌内扣伸踏垒垫内沿急停。二是跑垒员当左脚触踏垒垫后，随着身体前移的惯性，右脚继续向垒前跨出一大步，用全脚掌着地，以缓冲前冲力量，切记左脚不可离开垒垫。

3. 连续跑垒技术

连续跑垒技术是指击球员只击打一次球，跑垒员连续跑进两个垒位所运用的跑垒技术。击球员与跑垒员的连续跑垒技术略有不同。击球员在将好球击出的一刹那，无论击球质量高低，立刻变为击跑员，采用击球后跑垒技术向一垒冲刺。为了避免减慢速度，击跑员跑垒时不需要观察比赛局势，完全依靠跑垒指导员的手势。跑垒指导员站在场外，能够准确判断比赛的局势，并及时给出较为合理的跑垒策略。

而其他垒位的跑垒员则需要根据经验判断投手出手的时机或本方击球员击球的效果进行跑垒。如果时机来临，则首先进行跑一个垒技术，向下一垒位冲击。在起动阶段，跑垒员需要自己进行观察，一旦有不利情况出现，立刻回到原垒位。如果发现本方的攻击优势明显，或者跑垒指导员暗示其连续跑垒，跑垒员则应立即调整跑垒技术，进行连续跑垒。

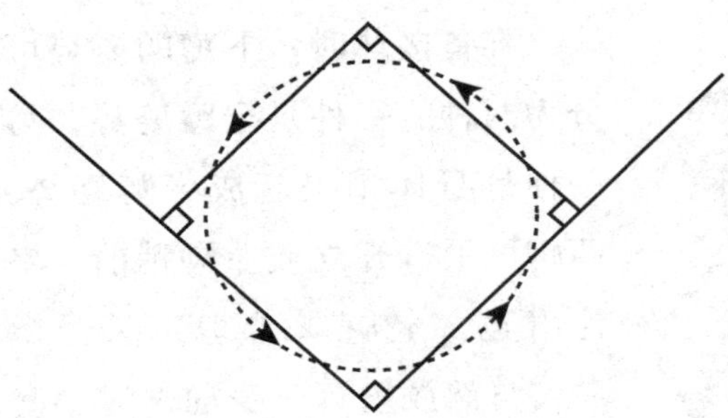

连续跑垒路线图

连续跑垒的技术特点类似于400米跑的弯道技术，跑垒员为了在踏第一个垒时能够保持原有的速度，会选择沿着弧度的轨迹进行跑垒。跑垒员会在离下一个垒位5～6米时，开始绕外侧弧线轨迹跑动。跑动中，跑垒员右脚以前脚掌内侧着地，左脚以前脚掌外侧着地，上体向内倾斜，右肩高于左肩。靠近垒位时，用左脚或右脚触踏垒垫的内角，踏垒后改用“跑一个垒”的直线加速跑技术。

接手技术

接手位于本垒板后，面向全场，要能观察到整个比赛场上的全部活动情况，并善于和投手默契配合，以便根据战术需要指示投手投球，削弱击球员的进攻能力和接获投手每一次的投球。当垒上有跑垒员时，要求接手既能勇猛、机智和动作迅速地传杀垒上的跑垒员和坚守本垒，还必须要冷静、沉着地指挥同队队员完成整个防守任务。因此，接手不仅应是一名防守的战斗员，而且还应是一名熟悉战术、掌握战机的指挥员和激励全队战斗意志的鼓动员。

比赛时，接手要戴面罩，穿护身，始终蹲着接投手的投球。

1. 接手接球和传球技术

（1）接球技术（接投手投球）

站立位置：接手接投手投球时，必须站在接手区内，位于本垒板后，尽量靠近击球员，但要以不妨碍击球员的击球动作为原则。

下蹲姿势：两腿屈膝全蹲，两膝外展，脚跟离地，臀部贴近小腿，身体保持平衡。当投手踏上投手板后，接手即可将右手放在两腿之间，用手指发出不同的信号，指示投手投球。在这同时，左手的手套可覆盖在右手上，以避免所发信号被对方识破。

接手的下蹲姿势

准备接球时，下蹲的姿势可分为两种。一种是全蹲姿势，另一种是身体稍提起成半蹲姿势，两脚可平行开立或左脚稍前，略比肩宽，全脚掌着地，两臂微屈，自然放松置于身前，以手套为目标指示投手投球。

接球动作：接高于腹部的球

时，两手稍前迎，手指向上，掌心对球，右手半握拳放于手套的大拇指后。球入手套时，右手应迅速护球，并持球后引，作传球准备。

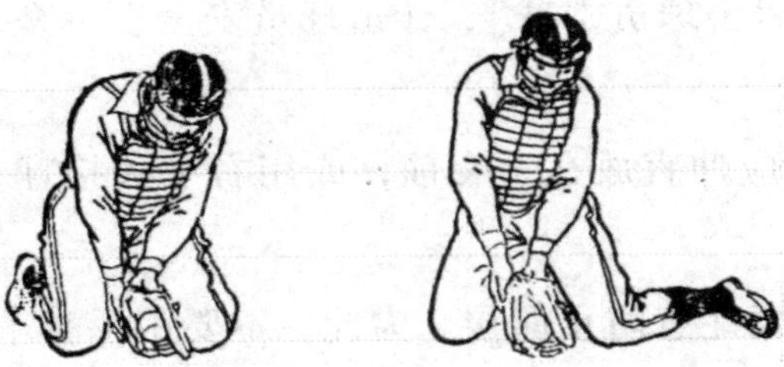

接球的两种姿势

倘若来球低于腹部或落地成反弹球时，接手的双手须立即翻腕，使手指向下，两膝跪地，手套靠近膝前接球。接球时还须含胸，低头看球，准备以胸部把球挡住。如来球偏向两侧时，则将同侧脚跨出一步，使身体正对来球，单膝跪地接球。

接手在防守时，除了接投手的投球外，还要接击球员击出在本垒附近的球和接同队队员传来的球。接球方法与前面所讲的接球方法相同，但在起立移动接球时，要先用右手迅速把面罩脱下，放在一旁，以免面罩阻碍视线。

（2）传球技术

当垒上有跑垒员时，接手一般采用左脚稍前的半蹲姿势接球。接球后，持球的右手应迅速顺势经胸前向后上摆，屈臂举球过耳。同时，身体稍抬起，左脚跨前一步，用肩上传球的方法把球传至目标。

在比赛中，接手既要接投手投来的球，又要注意攻队跑垒员的意图及其动向。只要一接到球就应果断、敏捷、快速地将球传给其他守垒员，以截杀跑垒员。当三垒有跑垒员或二垒跑垒员偷向三垒时，接手接球后，可以将右脚侧移一步，左脚再向前跨向三垒方向传球，这样可不受击球员的阻碍。

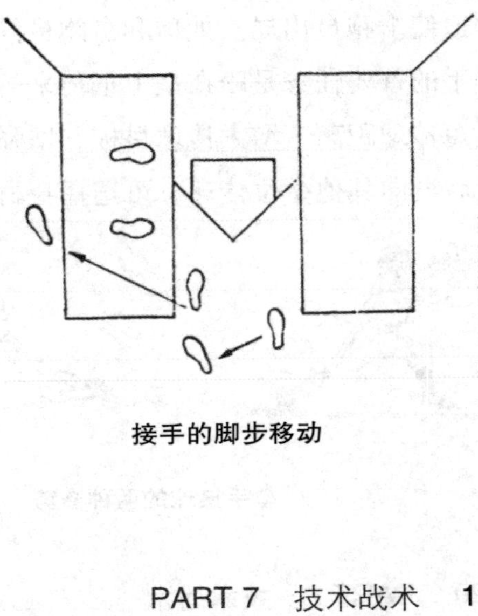

接手的脚步移动

2. 接手注意事项

（1）接手的位置不要太接近击球员，否则接球时会妨碍击球员的挥棒。这样不但会被判为“妨碍击球员击球”，让击球员安全上一垒，而且接手自己也容易受伤。

（2）接球时，右手手指不应伸直放在手套前，或用右手去接球，以防手指挫伤。

（3）接低球或反弹球时，要注意防止漏接。为此，不要用手套掌心向下按球或抬头而不看球。

（4）每次接投手投球后，应尽快在原地将球回传给投手，不须向前走几步再传球。当垒上有跑垒员时，应观察跑垒员的情况，再回传给投手，防止跑垒员趁回传之机盗垒。

（5）接手在每一局开始时，须把攻队队员的击球次序及时告知同队队员，并要熟记每一击球员的特点，以便指示投手投球和指挥其他队员调整防守位置。

一垒手防守技术

一垒是攻队首先必争的垒位。击球员击出地滚球后，迅速跑上一垒才成为一个跑垒员，才能有得分的机会。而防守队员接获击球员击出的地滚球后，应快速地把球传给一垒手，使球比击跑员先到达一垒，从而迫使击跑员出局。如球和击跑员同时到达，亦判击跑员安全。所以一垒手的首要任务是踏在垒上把传来的球接住，把住第一关。为了有助于缩短传球距离、增大传球目标、增强传球队员的信心和有利于一垒手接球后再向其他垒位传球，可选择身材高大、接球稳妥并习惯用左手传球的队员担任一垒手。

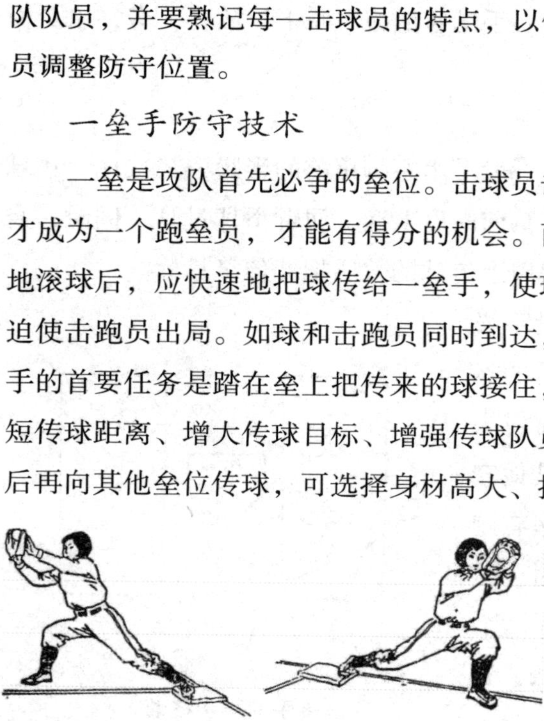

一垒手接球的两种姿势

1. 一垒手接球技术

当击球员尚未击球时，一垒手应站在一垒左后方5~6米远的地方做好防守准备。当击球员击出其他

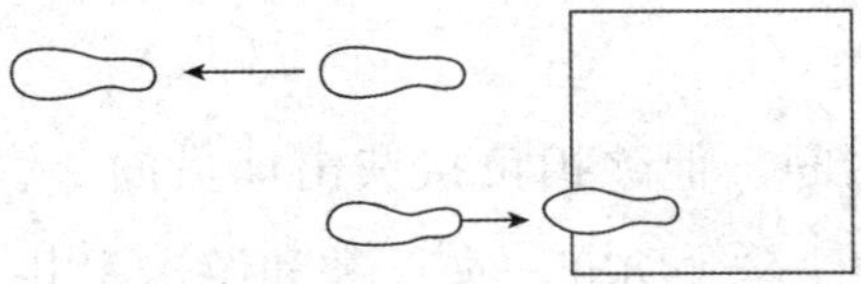

一垒手接球的步法

方向的地滚球后，一垒手应立即迅速回一垒，左脚触踏垒包的前沿，右脚在垒包前约半步，屈膝，上体前倾，正对来球方向，右手稍前伸，手套对着传球者，以指示传球目标。当同队队员传来的球在正前或偏右时，一垒手应尽量将右脚向来球方向跨出，成弓箭步，左脚前掌踏垒，两臂前伸迎球。如传来的球偏左时，应以左脚跨出，右脚前掌踏垒。一垒手要尽可能以双手接球。

一垒手踏垒时，可使双脚平行开立，站在垒包前半步。待同队队员将球传来时，左脚后移以前掌触踏垒包，右脚跨前一步接球。

2. 一垒手注意事项

（1）一垒手接球时，踏垒的一只脚须待球接稳后才能离开垒包。如来球偏向一侧时，可离开垒包先把球接住，再立即返回触踏垒包，使击跑员出局。如传球稍偏高时，可跳起空中接球，脚尖尽可能不离开垒包，迫不得已时才跳起离垒接球。接球后，踏垒的脚快速离开，以免与击跑员相撞。

（2）一垒手在伸踏接球时，不要跳跃，以免身体重心起伏较大，影响接球。接球时不要低头而不看球，以免造成漏接。

（3）如击球员将球击向一垒附近时，一垒手应主动上前接球。接球后，再迅速返回踏垒，或者传给补垒的队员（二垒手或投手）。不要机械地守一垒而让球穿过。

（4）如击球员向一垒方向触击，球速较快时，一垒手应迅速上前接球并触杀击跑员，或传球给补垒的队员（投手或二垒手）。

（5）如其他垒上有跑垒员时，一垒手在垒位上接球后应快速离垒做好传球准备。但不要离垒过早。

（6）一垒上没有跑垒员而其他垒上的跑垒员在继续跑垒时，一垒手应及时到二垒或本垒后协同防守。

二垒手防守技术

二垒手的防守范围是一垒与二垒之间。他除担负接获击球员向一、二垒之间内外场击出的球外，还须协助一垒手防守一垒，并和游击手共同防守二垒。此外，一垒手和投手接球时，二垒手要迅速移动到他们的后面，准备接他们漏接的球。因此，他的防守活动范围较大，须具备正确的判断能力、迅速起动的技术和熟练的传球、接球、触杀、封杀等防守基本技术。

二垒手应以肩上传球为主。但由于传球方向和距离不同，还须掌握低手传球和下手抛球等技术，以便根据不同的情况来使用各种传球技术。

当垒上没有跑垒员时，二垒手应位于一垒手和投手之间，离二垒线外 3 ~4 米处。如击球员是右打者，防守位置可稍偏向二垒；如击球员是左打者，则防守位置须退后一些，稍偏向一垒。击球员击向二垒手的球，二垒手应迎前接球。接球后，要快速传给一垒封杀击跑员。击球员击出一垒方向的地滚球由一垒手上前接球时，二垒手应迅速沿弧线切入一垒接球。接球后，要尽快离垒，避免与击跑员相撞。

击球员击向三垒或游击手方向的球，由三垒手或游击手传向一垒时，二垒手应快速跑至一垒线外，保护一垒手接球。

当一垒有跑垒员时，二垒手的防守位置可稍偏向二垒，并须做好三种准备：一是要与游击手取得联系，决定谁上二垒触杀一垒跑垒员。如果是游击手上二垒，则二垒手须到二垒后约 3 米处进行保护。二是随时准备上二垒接球封杀一垒跑垒员。接球后快速回传给一垒完成双杀。三是自己准备接获击球员击出的球，并以低手传球或下手抛球传给上二垒的游击手进行双杀，或者只传一垒封杀击跑员。

三垒手防守技术

三垒手的防守位置在三垒边线附近，防守任务较为繁重。他离击球员较近，无论是挥棒击球或是触击球，击至三垒方向的球较多。为了防守好这一地区，三垒手既要有勇敢顽强的精神、机警敏捷的反应、及时接获一切快速有力的平直球及地滚球的接球能力，而且还要及时注意击球员的触击意图，快速起动冲前堵接触击球，并需在奔跑中以低手传球方法传杀击跑员。

三垒手的防守位置一般在三垒左前侧两三步或在二、三垒间的内场线后。他的防守范围应包括三垒线界外一部分。防守时，他应与投手、接手、游击手有明确的分工和默契配合，以免在接球时出现互相让球或争接球的现象。击球员击向游击手的地滚球，如果球速较慢，三垒手应急速切入接球。

当垒上有跑垒员时，三垒手应预先考虑到击球员将球击出后，场上可能发生的情况，做到心中有数。在接到球时，要根据场上变化情况，当机立断，快速决策。

示例一：一垒有跑垒员，三垒手如估计攻队可能运用牺牲触击战术送一垒跑垒员上二垒时，就要向前上步防守。三垒手在接获触击球后，若观察到一垒跑垒员将要到达二垒，即应放弃原来封杀二垒的意图而改向一垒传杀击跑员。传球后要快速返回三垒，防止二垒跑垒员乘虚进入三垒。

示例二：场上一人出局，一、二垒有跑垒员时，三垒手如在垒前接住强有力的地滚球，应快速转身触踏三垒，封杀二垒跑垒员，然后再传一垒完成双杀任务。

示例三：三垒有跑垒员，三垒手如在垒前接获地滚球时，可摆臂向后作一虚晃动作，迫使三垒跑垒员返回三垒，然后传球给一垒封杀击跑员；或者向一垒方向作传球假动作，引诱三垒跑垒员冲回本垒，然后将球传给接手触杀跑回本垒的跑垒员。如场上已有二人出局，三垒手接球后只须直接传球至一垒。

游击手防守技术

游击手的防守位置一般在二、三垒之间内场线后 4～5 米处。如果击球员是强打者，防守位置可稍退后；是弱打者可向前移。由于游击手具有离一垒较远、活动范围较大、击球员击向游击手附近的球较多等特点，因此要求游击手须有全面的传、接球技术，良好的身体素质以及丰富的临场经验。

游击手在接一般的地滚球时，应主动迎前两三步，以便调整步点，在最适当的位置上接球。不要盲目冲跑，失去重心，影响接球。接球后，左脚顺势跨前半步，以肩上传球方法传向一垒。如离一垒距离较远时，可向传球方向垫两步再传球。

遇到击至投手右侧的球，游击手要及时移动到投手后面，准备在投手漏接时协助投手接球。

当一垒有跑垒员时，游击手要和二垒手取得联系，作好上二垒接球触杀盗垒的一垒跑垒员和双杀配合的准备。

当二垒或三垒有跑垒员时，游击手接获地滚球后，要根据场上情况，传杀击跑员或作牵制动作传杀二垒或三垒跑垒员。

当二垒手或三垒手离开垒位接球时，游击手要根据场上变化情况及时填补二垒或三垒空当，以防跑垒员乘虚而入。

当击球员击出较远的外场球时，游击手应及时上前接应外场手的传球。

外场手防守技术

外场手有左外场手、中外场手和右外场手三人。他们分担整个外场区域以及外场两侧界外一部分区域的防守任务。防守位置应根据击球员的击球技术和特点进行调整，一般是稍偏左侧（以接手面向外场为准）。三个外场手要相互保护，密切配合，防止发生争球或让球现象。外场手的主要职责是：力求直接接获一切击向外场的腾空球或地滚球。接球后还要迅速长传球给各个垒位，以防止跑垒员继续跑垒。当内场手接球或传杀跑垒员时，外场手应根据传球路线，积极移动到接球队员的后面进行保护。

外场手防守时应注意下列几点：

（1）要选好防守位置。根据击球员的击球技术、特点、力量，以及当时的风向，估计其距离远近，适当地调整位置。站好位置后，须与其他外场手和内场手取得联系。

（2）外场手在投手将要投球时，应面向击球员，两脚开立，上体前倾，微屈膝，两手放在两膝上，两眼注视着击球员，作好起动的准备。击球员挥棒击球后，立即判明球的方向和弧度，将身体重心移向与球同侧的脚上，准备起动。

（3）击球员将球击出后，外场手即应根据球的飞行路线，初步判明球的落点，快速摆臂起跑。疾跑五六步后，再观察球的正确落点，然后跑到球的落点，用双手在头前接球。外场手奔跑接距离较远的腾空球时，眼睛不要一直注视着球或双手始终上举，否则会影响跑速和接球。

（4）当垒上有跑垒员时，外场手在击球员击球前，须预先了解垒上情况，一接到球即应有目的地传向垒位触杀跑垒员。例如三垒有跑垒员时，如外场手接到距离较远的腾空球，就应快速以肩上传球方法，直接以一次落地的反弹球传给本垒触杀三垒跑垒员。如该腾空球较近时，估计三垒跑垒员不敢冲回本垒，外场手可持球直接奔入内场，不必立即将球传入内场。

垒球战术

垒球的战术和技术是密切联系的。技术是基本功，是战术的基础。简括地说，战术就是在实战中合理地运用技术。要使技术运用得合理，就必须有熟练的基本功，这样战术才有威力。技术全面，战术也就多样。

垒球比赛时，运用战术要慎重。例如，在进攻时，跑垒员已到达三垒，要想使三垒跑垒员进入本垒得分，应采用挥棒击球战术或触击战术。这时，教练员就必须从场上攻守双方的情况来考虑应用哪一种战术较为适宜。又如二、三垒有跑垒员，守队三垒手在冲前接获一触击地滚球的一刹那，要当机立断，迅速传球给一垒使击跑员出局，或传球给接手杀冲回本垒的三垒跑垒员。但有时三垒跑垒员不一定冲入本垒，这就要求防守队员要善于分析情况，当机立断，灵活巧妙地运用战术。

垒球战术是根据比赛双方情况正确分配力量，充分发挥自己特长，限制对方发挥所采取的合理有效的计策与行动。垒球战术是建立在垒球基本技术、战术意识、心理素质基础上，充分发挥个人特点的集体配合。它是一个全方位的自始至终、复杂多变的斗智、斗勇、斗技的过程，只有准确把握比赛的脉搏，勇敢巧妙地运用战术，才能够在对阵过程中占到先机。

第一战术

第一战术是指攻、守双方在比赛前制定的首先要实施的战术意图。攻方的战术要求是选好第一个球，打好第一棒，争取第一个跑垒员上垒，拿下第一分。垒上有人或拿下第一分会给防守方造成一定的心理压力，有利于扩大战局。守方的战术要求是投手开好第一局，投好第一个球，拿下第一个击球员，接传好第一个球，守好第一个垒，防好第一个触击球，阻止攻方得第一分。这样会挫伤攻方的锐气，提升本方的士气。攻、守双方的第一战术是比赛中抢占有利局面、稳定军心的战术手段，对比赛的顺利进行有着不可忽视的作用。

心理战术

虚张声势的心理战术是指在比赛中运用一些方法和手段干扰对方，使之在一定的状态、时间、环境下产生不正常的心理，导致思维、判断、意识上出现偏差和技术动作的失常，然后再乘机取之。例如，运用假触真打、触打触、语言、动作、暗示等心理战术来扰乱和分散防守队员的判断和注意力，从而可以很好地利用对手的疏忽来进垒或者得分。因此虚张声势、声东击西给对方造成错觉，对完成战术任务显得十分重要。

触击战术

触击战术是进攻战术之一。这种战术只有与挥击战术结合运用才能体现出它的威力，更有效地击破守队的防守。

垒球场的垒间距离为18.29米，进攻的跑垒员约需要用3～4秒钟跑到。如果三垒手退后防守或预先没有准备，再加上跑垒员在垒上牵制，触击战术是较容易收到效果的。故在运用触击战术时，要灵活多变，有虚有实，动作隐蔽，才能出其不意，攻其不备，使守队措手不及。

触击战术可分为“上垒触击”战术、“牺牲触击”战术和“抢分触击”战术。

1. “上垒触击”战术

“上垒触击”是击球员乘守队不备，突然运用触击，使自己达到上垒目的的一种进攻战术。当垒上有其他跑垒员时也可采用此法。击球员运用“上垒触击”战术时，要求触击动作隐蔽快速，决不能过早暴露自己的意图。为了达到上一垒的目的，触击球的落点最好是靠近一垒线或三垒线。触击后的起动速度要快。上一垒时，要注意在跑垒员限制线内跑进，以免妨碍守队传球。采用“上垒触击”战术时，要选择好球触击。

2. “牺牲触击”战术

“牺牲触击”是击球员使用触击，准备牺牲自己来协助一垒或二垒跑垒员前进上垒的一种进攻战术。运用时，要求击球员有为了全局而自我牺牲的精神，可提早做好触击准备姿势，选一“好球”触击。触击后，再起动跑垒，不要边跑边触击，以免触击不成而丧失战机。这种战术要求跑垒员待投手投球后先离垒数步，待击出地滚球后才快速进垒。

“牺牲触击”战术多半是在守队接手臂力较强，跑垒员盗垒没有把握，以及击球员的击球能力又较差的情况下运用。它是以一个人出局来换取跑垒员的进垒（到达得分垒），然后待下一击球员击出安打来得分的战术。

在运用“牺牲触击”战术时，可根据守队的防守情况，采用多样的跑垒方法。

示例一：守队内场手之间相互补位能力较差时，击球员可先向一垒跑垒员发出暗号，暗示他在投手出球后迅速跑垒。当投手投出一般好球，击球员可向三垒方向触击一地滚球，使三垒手上前接球传杀一垒从而构成三垒垒位空虚。这时一垒跑垒员可在投手投出球后，快速奔向二垒。在将到达二垒前，可先向右转弯，为进三垒作准备。如发现三垒无人补位时，即可乘机继续抢进三垒。在运用这种跑垒方法时，要求击球员必须触击成地滚球，以免造成双杀出局。这一战术也称为“跑而触击”战术。

示例二：三垒有跑垒员，击球员使用“牺牲触击”战术时，应根据击球的落点来跑垒。如击向一垒方向时，三垒跑垒员即可快速回本垒得分；如击向投手或三垒方向时，三垒跑垒员应在三垒前起牵制投手或三垒手传杀击跑员的作用。如投手或三垒手不受牵制的影响而传杀击跑员时，则三垒跑垒员可根据情况迅速跑回本垒得分或返回原垒。三垒跑垒员要预防投手或三垒手使用虚晃假传动作来诱杀自己。

3. “抢分触击”战术

“抢分触击”是三垒跑垒员与击球员相互配合强取一分的一种战术。即三垒跑垒员待投手投球离手后，立即离垒直冲本垒，而击球员不管投手投来的球是好是坏，都必须运用触击将球击出，使三垒跑垒员在守队传杀之前强行跑回本垒得分。

运用“抢分触击”战术时，须注意以下几点：第一，为了达到抢分的目的，击球员与三垒跑垒员应事先通过暗号联系。联系的方法通常是先由教练员发出“抢分”暗号，然后两队员再以暗号回答，表示已明确任务，并作好准备。第二，击球员为了保证触击成功，在投手摆臂时即可做好触击准备动作，并使用最简易的触击方法来击球。触击时，不管投手投来“好球”或“坏球”，都必须将球轻轻地击向本垒两侧(地滚球)。这一点是抢分成败的关键。如果触击不中，球被接手接住，则直冲本垒的三垒跑垒员就会在本垒前被触杀出局，如果击出一内场腾空球，就会造成双杀局面。第三，跑垒员跑垒速度要快，决不能犹豫，并随时准备以滑垒强进本垒得分。

从以上三点来看，抢分触击的关键是在击球员。教练员在运用这一战术时，必须考虑击球员的思想风格和触击能力。击球员接到“抢分”暗号后，应沉着冷静，坚决完成战术要求。

抢分触击战术一般在双方比分较为接近时运用。如运用适当，可以突破相持局面，强取一分用以扰乱对方的阵脚，使守队转入被动局面。在运用时，最好与“牺牲触击”战术结合起来，这样可收到较好效果。

此外，还有一种假触击战术。如二垒有跑垒员，守队游击手的防守位置较靠近二垒时，击球员可向二垒跑垒员发出盗垒暗号。投手投球后，击球员向三垒方向作一假的触击动作，故意击球不中，诱使三垒手上前防守，造成三垒空虚。由于游击手不能及时补位，而接手接球后又不能向三垒传杀，这样跑垒员就能乘虚偷入三垒。

跑而打战术

跑而打战术指当教练员发出指令时，针对投手的这一个投球，跑垒员必须跑垒，击球员必须击球，要求击球员必须击出地滚球，且尽可能地将球击向跑垒员的后方，主要目的是防止跑垒速度较慢的跑垒员被封杀出局，或使跑垒技巧、经验、意识都好的跑垒员多进垒，防止守方双杀战术的成功。跑而打是垒球战术中有效的整体攻击方法之一，是常规战术的一种，带有一定的冒险性，跑垒员的跑垒带有盗垒的性质。击球员如果击球失败，跑垒员就有可能被杀出局，因此一定要避免出现球多击少的局面，迫使对方投手投好球，并且在击球员能力强和跑垒员的跑垒技巧、经验、意识都好的情况下运用，成功的几率才会高。

进攻排棒战术

排棒是指安排击球员的打击顺序。排棒战术是进攻队根据球队双方球员的特点安排棒次的策略。目的是根据本队现有的实力，通过巧妙的安排，使进攻水平发挥到最佳程度。打击顺序安排是否得当，直接关系着进攻队员水平的发挥和比赛的胜负，安排得好进攻实施顺利，垒上有人就能得分，每一局的棒次就会环环相扣。

排棒方法通常有集中排棒法、分散排棒法和分段排棒法。集中排棒法就是根据队员的进攻能力来安排棒次，一般以进攻能力强者排前，这样可得到多一次的击球机会。分散排棒法注重队员特点和每局开局形成的小循环排棒，或者是擅长长挥者与擅长短击者相互搭配，并兼顾每一局中第九棒与第一棒之间的衔接。分段排棒法是将第一到第九棒，按一至四棒的特点，分成基本相同的两段，即第一棒到第四棒为第一阶段，第五棒到第九棒为第二阶段。无论哪一种安排，其目的是针对守方的不同情况，使本队进攻实力达到最强，发挥最好的水平，收到最好的效果。

防守排阵战术

防守排阵是为了有效地阻止对手进攻而安排的防守阵容。防守排阵战术一种是根据对方进攻技术、战术特点和球员的具体情况，有针对性的排阵；另一种是不了解对方情况的常规排阵，在比赛过程中根据当时情况的变化随时调整阵容。防守排阵是一种预测的艺术，而预测也是根据经验和了解到的信息来具体研究排兵布阵。关键是守场员的站位，比赛中往往差一步能接杀出局的球，可能就变成了安打球，因此防守排阵战术对防守接球的成功率和制约对方的进攻起着重要的作用。

四坏球战术

四坏球战术是投手有意投出四个坏球保送击球员上一垒，这是垒球比赛中常用的一种战术。四坏球战术是在比赛局面不利于守队的情况下，为了使防守局面易于控制，所采取的战术策略，也叫“故意四坏球”。例如，双方比分接近，守队有一定的防守能力，多是在二人出局，二垒或二、三垒有跑垒员，又正遇击球员是强棒时，为了避免对方万一出棒得分，故意投四个坏球保送击球员上一垒，形成满垒有跑垒员的局面，这样便于各垒封杀，从表面上看丢掉了一垒这个卒，实际上是为了便于保住整个局面这个车。当然，使用四坏球战术也不一定能够完全成功，被攻破的例子也有不少。

双偷战术

双偷战术指在垒上的两名跑垒员同时盗垒，相互配合牵制防守员，使两个跑垒员都能安全地进入下一个垒位的跑垒策略与方法。一般是在一、二垒有跑垒员，或是一、三垒有跑垒员，或是二、三垒有跑垒员时采用。双偷战术就是将防守方的集中优势分散，两名跑垒员凭借相互的默契配合，都以最大的安全距离频繁离垒引诱守方传杀自己，并寻找任何一个机会抢进垒，有意使守方想顾东又想顾西而出现差错，使场上出现混乱局面而伺机盗垒成功。

双偷战术必须在一定的条件下才能实施，两名跑垒员都是头脑灵活具有跑垒经验、灵巧和速度快的选手，在平时有默契的配合及反复的练习，并且在对手的内场防守实力不均、配合不够默契的情况下使用。双偷战术要谨慎用之，最糟糕的结局是两名跑垒员都被杀出局。双偷战术的成功是垒球场上团结互助、默契配合的典型战例。

换人战术

换人战术对于攻守双方来说，不是指防守失误多和进攻发挥失常被动的攻防换人，主要是指使用秘密武器的主动换人。例如进攻中，遇到垒上有人，或在关键场面时换上完成任务几率很高的强打手，或跑垒速度快且有技巧、意识强和经验丰富的队员来完成特定的任务；防守中，对于不同的对手特别是强硬的对手，突然换上队里隐藏的黑马，出乎对方预料，使对手无还手之力。这种在关键时刻换上投手、击球员、跑垒员或守场员，是非常有效的换人战术，可称为秘密武器或黑马战术。

一三垒战术

指比赛双方在一、三垒有跑垒员时所使用的攻守战术。运用这种战术决定权在攻、守双方自己，随着比赛情况的发展和变化而不断地变化。无论攻、守双方谁先发起的战术行动，另一方必须马上采取相应的进攻和防御措施应对，对攻、守双方的配合能力和攻、防水平都是一个严峻的考验。尤其是对防守方而言，在防御过程中不能有丝毫的差错。最成功的一三垒防守是将两名跑垒员都传杀出局，进攻方最成功的一三垒战术是经过默契的配合，突破防守最终使两名跑垒员都回本垒得分。无论哪一方成功，另一方的情绪都会受到较大的影响，因此一三垒战术攻、守双方都要在平时训练中反复演练，达到配合默契得心应手的地步，才能在激烈的对抗中取胜。

牺牲打战术

牺牲打战术指击球员采用不惜牺牲自己，使垒上的跑垒员进垒或得分的击球方法。牺牲打战术有两种：

（1）击球员击出外场较远距离的高飞球，被守方接住，三垒跑垒员能够踏垒后抢回本垒得分；

（2）击球员用触击球的方法击球，迫使守场员只能传杀自己出局，而送垒上被迫进垒的跑垒员进垒。

采用牺牲打战术要求击球员有顾全大局的意识，不计较个人得失，心甘情愿地完成任务。牺牲打战术一般是在二人出局之前，或在局面紧张，比分接近的情况下使用。

假触真打战术

假触真打战术是指击球员在投手即将投球时突然摆出要打触击球的假动作，引诱内场的一、三垒手前冲准备防触击球，在投手投球出手后，快速收棒变成挥击姿势，将投来的好球或喜欢打的球对敲击出，最好是打穿向前逼近的第一道防线。这是隐藏击球员真正挥击意图的有效打法，也是垒球常用进攻战术中的一种。特别是二垒有跑垒员时，守方游击手要防二垒跑垒员偷三垒，见触击动作必然要向三垒跑进，二垒手要补一垒，防守位置留出了空当，最易奏效。

抢分战术

击球员采用击球命中率较高的触击球，使三垒跑垒员抢回本垒得分的方法和策略被称为抢分战术。在二人出局前，三垒有跑垒员，特别是双方比分接近，甚至是一分定胜负的局面，一般是在球多击少这种特定的情况下使用此战术。常规情况下防守方也是有基本防范的，因此抓住有利时机，隐蔽抢分战术意图就显得很重要。由于实施此战术风险很大，攻方对击球员有严格的要求，一定要将球触成内场地滚球，不能将球触成高飞球。教练员暗号发出后，投手球一出手，三垒跑垒员就不顾一切地冲本垒抢分，一旦击成高飞球被接，即可造成被双杀的局面，要求击球员只许成功不许失败。抢分战术的成功是击球员、三垒跑垒员和教练员默契配合的结晶。

防守阵形战术

垒球比赛的防守是从守队投手给击球员投球开始的。一旦攻队击球员将球击出，守队就要力争将球直接接住。即使不能直接接获，也要尽快地将失误的球捡起来再传杀击跑员或监视跑垒员，以达到阻止和减少攻队进垒的目的。为了更好地完成上述要求，守队要有一个严密布防的阵形。这样，可使场上九个队员既有明确的分工、各自守卫一定的区域，又利于相互间的补位、接应、保护等动作配合，以构成一种集体防御组织形式。由于比赛时，场上情况千变万化，因此防守队员的分工不能机械呆板，应善于根据对方击球员、垒上跑垒员情况，以及

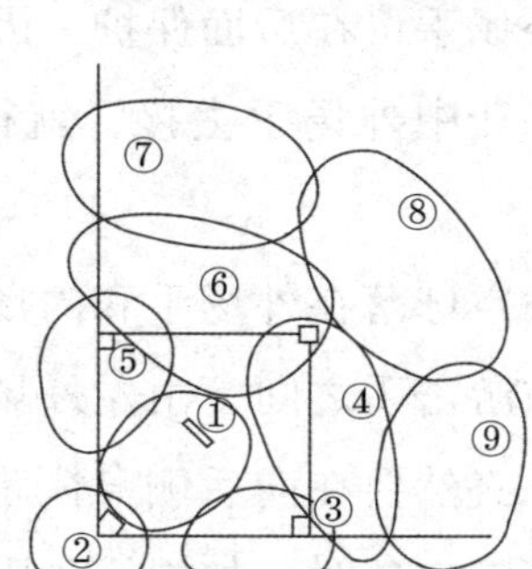

1. 全场防守范围图

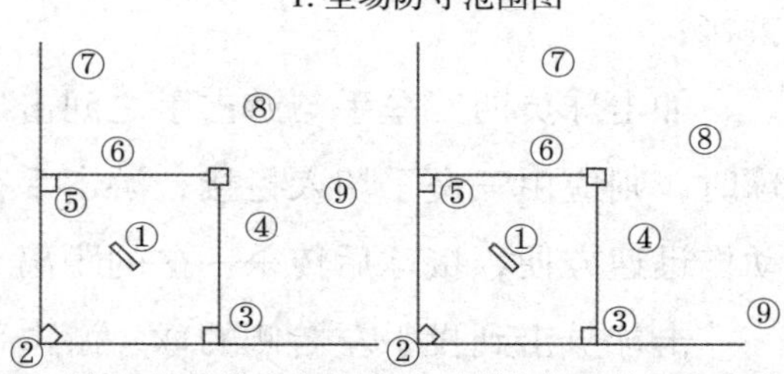

2. 对付右打者的防守阵形 3. 对付左打者的防守阵形

防守阵形图

当时本队的防守战术要求，机动灵活地调整防守阵形，尽可能使防守范围既有重点，又减少空隙地区。

在组织防守阵形时应注意以下几点：

（1）相邻位置的队员（如三垒手与游击手，二垒手与一垒手），不要站成平排，要保持一定的纵深，这样既可扩大防守范围又能及时补位。

（2）前后的位置不要重叠（即不要在一条直线上），并且要保持一定的距离。如左外场手应位于三垒手与游击手之间，三者之间前后相隔一定的距离，以免发生前后争球或让球的现象。

（3）攻队击球员击出腾空球，如落在两个防守队员之间，则两人须在接球前相互招呼，一般处于有利接球位置的队员应及时高呼“我的”，果断地将球接住，而另一队员应在后保护。二人之间的配合可依据：

如腾空球落在左外场手与中外场手之间，一般应该由左外场手去接，中外场手可在后面保护。因为球在左外场手的左侧，他接球较为方便，如果让中外场手去接，就得用反手去接（以右手传球的外场手为例）；

如腾空球落在外场手和内场手之间，应由外场手接球。如球落在左外场手与游击手之间，由左外场手主动跑向前方去接较为方便。如游击手去接，必然要在向后侧身快跑中接球，容易造成失误；

在接腾空球时，如视线受阳光影响，则应由背对或侧对阳光的队员去接；

如击球员向三垒手与游击手之间击出一个速度不快的直线球或地滚球时，则应由三垒手切入拦接，游击手在后保护。因为三垒手上前接球动作迅速方便，接球后传杀一垒的距离也较短；

击球员击到投手左右侧的球，游击手和二垒手必须迅速移到投手后面接投手可能漏接的球；

垒上有跑垒员时，任一垒上都应有人防守。一旦垒上出现空缺，应立即由邻近的守场员补位，以防跑垒员乘虚进垒。例如一垒手离垒接球时，可由投手或二垒手补一垒，二垒手离垒接球时，可由游击手补二垒。

（4）当击球员将球击出后，除直接接球的防守队员要认真接球外，其他防守队员都应积极移动，进行协防。要求做到：有人接球，有人保护，有人接应，垒上有人补垒，垒后有人保护。

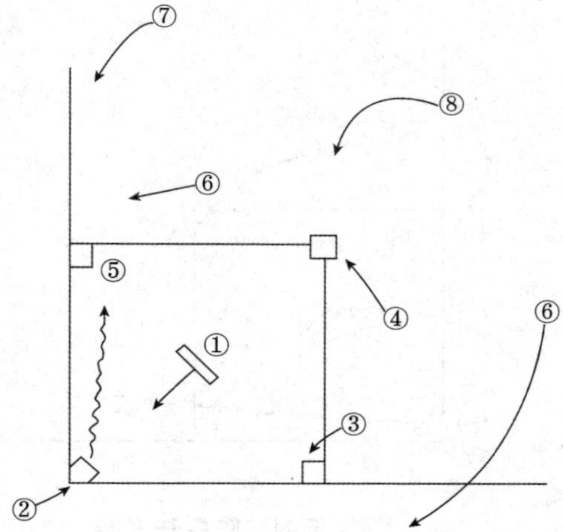

示例一防守阵形图

示例一：击球员向三垒方向击出一地滚球时，三垒手上前接球传杀击跑员，游击手上前保护三垒手接球，一垒手上一垒准备接球，二垒手上二垒，右外场手移动到一垒线外保护一垒手接球，左外场手保护三垒，中外场手保护二垒，接手上本垒指挥传球。

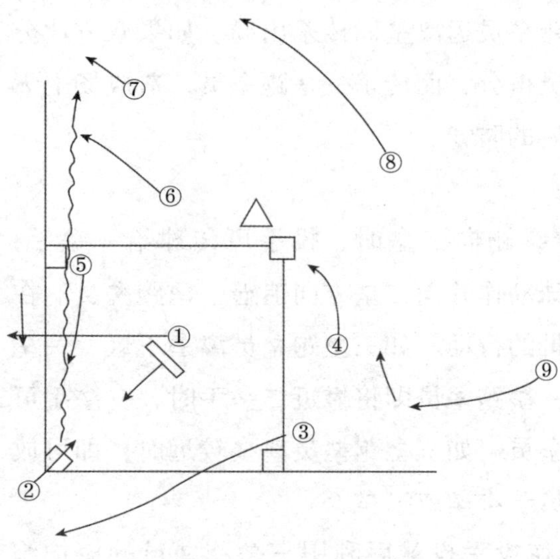

示例二防守阵形图

示例二：跑垒员在二垒，击球员向左外场击出一强有力的地滚球时，左外场手接球，中外场手保护，游击手上前接应，三垒手和二垒手上垒，投手到三垒后保护，一垒手至本垒后保护，右外场手到二垒后保护，接手上本垒指挥。

示例三：二、三垒有跑垒员，击球员向右外场击出一强有力的地滚球时，右外

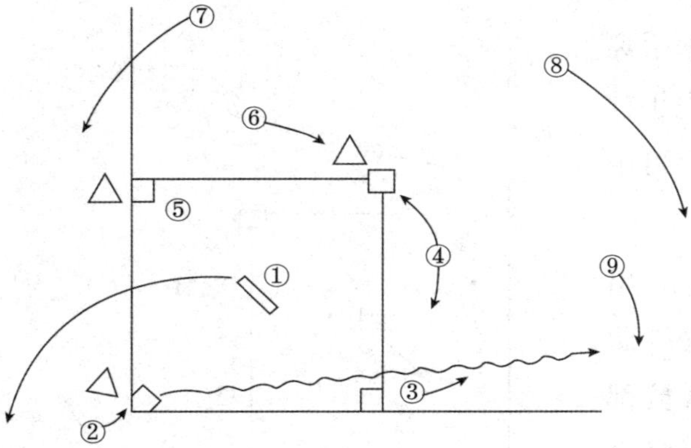

示例三防守阵形图

场手去接球，中外场手保护，一垒手上前接应，二垒手上二垒，游击手在二垒后保护，三垒手上三垒，左外场手在三垒后保护，投手至本垒后保护，接手上本垒指挥和准备接球触杀二垒跑垒员。

对“双盗垒”的防守战术

当进攻队跑垒员占据一垒和三垒时，一垒跑垒员往往利用三垒跑垒员的牵制而进占二垒，或二人相互掩护，使守队前后照应不暇，造成传接失误，从而获得上垒得分机会。在这种情况下，要求防守队员冷静沉着、意志坚定，配合要默契，行动要迅速，传球要准确，还要根据场上出局人数、比分情况和下一击球员的力量强弱来决定防守策略。防守双盗垒的较好的办法是诱使三垒跑垒员远离垒而传杀出局。如果双方比分不很接近，也可以让三垒跑垒员得分，而传杀一垒跑垒员，造成场上无跑垒员的局面，这样可便于以后的防守。

常用的双盗垒防守战术有：

（1）当击跑员上一垒后继续跑向二垒时，投手可传球给一垒手，一垒手接球后，不断作虚晃传球动作并向二垒方向追逼一垒跑垒员。在追逐的同时，要观察三垒跑垒员的行动。如三垒跑垒员离垒不远，一垒手就继续追逼一垒跑垒员，在一垒跑垒员即将靠近二垒手时，一垒手可突然传球给二垒手触杀一垒跑垒员。如三垒跑垒员离垒较远时，即可放弃一垒跑垒员而传杀三垒跑垒员于本垒或三垒。

（2）攻队一垒跑垒员如果在投手投球后利用三垒跑垒员的掩护跑向二垒时，接手接球后，一般可采用下列方法来破坏攻方的双盗垒战术。

接手如见一垒跑垒员跑向二垒，应快速将球传给上二垒接球的游击手去触杀一垒跑垒员。传球要平直快速。这时，二垒手从投手身后切入，在跑动中如发现三垒跑垒员企图跑回本垒时，可突然拦接接手传给游击手的球，并迅速将球传向三垒或本垒，以追杀三垒跑垒员。二垒手在拦接时，如见三垒跑垒员离垒不远，则不作拦接，让游击手在二垒接球触杀一垒跑垒员。

接手快速地向二垒做假传动作，诱使三垒跑垒员离垒更远些或向本垒跑，然后突然把球传给三垒手，由三垒手触杀。另一种方法是突然把球传给投手、上前拦接的游击手或二垒手。接球队员接球后再快速将球传给三垒手或接手，以便触杀离垒的三垒跑垒员。

触击防守战术

在比赛过程中，垒上如有跑垒员时，攻队往往会乘守队不备，出其不意地运用各种触击战术，扰乱守队的阵脚，用以争取上垒或得分机会。守队若能及时识破其战术企图，通过有效的措施和严密的防守，就可以变被动为主动，击破对方的攻势。

现将防守触击的要求和方法介绍如下。

（1）当攻方队员上垒后，就应估计攻队可能要使用触击战术。如有可能的话，还要从跑垒员已占垒位、已有几人出局、场上的比分、击球员的击球技术和对方平时运用触击战术的特点，以及可能改变的战术等方面来分析对方将会运用何种触击战术。然后，及时确定防御触击的具体措施，调整防守阵容，加强联系，进行积极的防御。

（2）利用投手的投球破坏击球员的触击，这是防御中较为有效的办法。投手可投快而旋转的内角低球或外角高球，使击球员触击至界外或击成内场腾空球。如估计攻队运用“抢分触击”战术时，投手可投坏球，使击球员无法或难于触击，以便由接手接球触杀抢入本垒的跑垒员。

（3）如击球员触击成功，并将球击在场内，这时内场手应快速上前接球。接球时，要避免二人争接或相让，造成不必要的失误。接球后应根据场上情况传杀击跑员或跑垒员，或者听从接手的指挥妥善处理。当垒上有跑垒员时，基本原则是传杀最前的一个跑垒员。当发现来不及传杀跑垒员时，应立即传向一垒封杀击跑员。在三垒有跑垒员的场合下，投手接获触击球后，身体可稍向右转，以便监视三垒跑垒员的行动。接球后立即将球传向本垒或一垒，也可作假传一垒的动作，引诱三垒跑垒员冲回本垒，再将球传给接手触杀三垒跑垒员。这时，其他守场员应根据分工，及时补垒或接应。

（4）投手、接手、三垒手，以及一垒手在防守触击球时，要有明确的分工。其防守范围的大小，应根据守场员的技术水平和身体素质等来决定。要做到相互了解，既有分工，又要相互支持与合作。

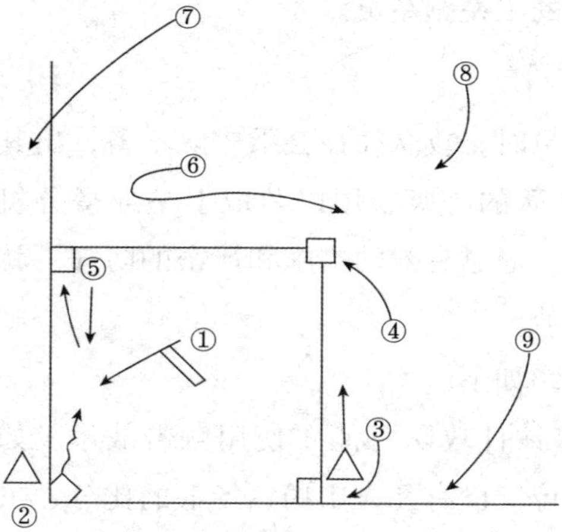

示例一防守战术图

现举例说明如下。

示例一：进攻队跑垒员在一垒。击球员使用“牺牲触击”战术，企图送一垒跑垒员上二垒时，防守队就要做好上前紧迫防守的准备。投手投球后，要冲前接触击球。投手接球后，应尽先传球至二垒，封杀一垒跑垒员。如时间来不及，则应传一垒封杀击跑员。投手要根据当时接球的位置和接球的时间或听从接手的指挥，快速作出判断并采取防守措施。其他的防守队员应及时移动补位或接应。

示例二：如估计攻队企图运用“抢分触击”战术使三垒跑垒员强行进入本垒得分时，防守队可作如下部署。

投手投一内角好球，迫使击球员只能向三垒方向触击，或击球不中。投手投球后即快速上前防守。

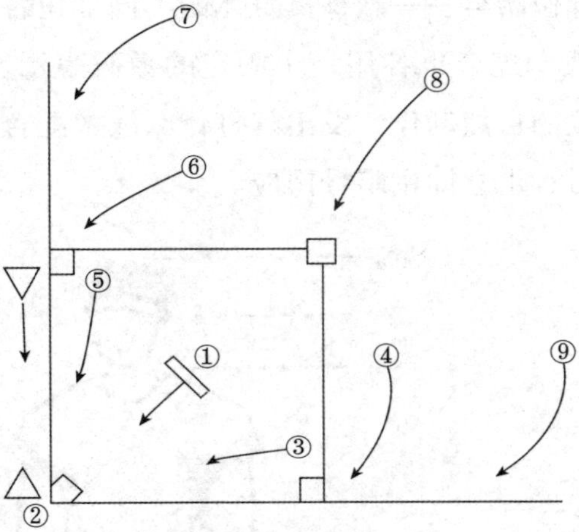

示例二防守战术图

三垒手站在三垒垒位稍前方，待击球员起动触击时，即快速向前逼进，一方面是争取时间跑到三垒跑垒员的前面，接球后即可听从接手的指挥传球给本垒或一垒；另一方面，如果击球员击球不中或者故意不击球时，由于三垒手的冲前防守就会诱使三垒跑垒员远离三垒。这时，接手接球后可突然传球给上三垒补位的游击手，以触杀三垒跑垒员。

其他防守队员根据防守需要及时移动补位或接应。

示例三：防守队在防守“抢分触击”战术时，还可调整内外场的防守部署。三垒手和二垒手上前防守，封锁击球员的触击路线；右外场手由外场调入防守二垒，游击手稍靠近三垒准备补垒，左外场手和中外场手担任外场防守任务，可稍向左侧移动，投手要投内角球（对右打者），迫使击球员向左侧方向击球。

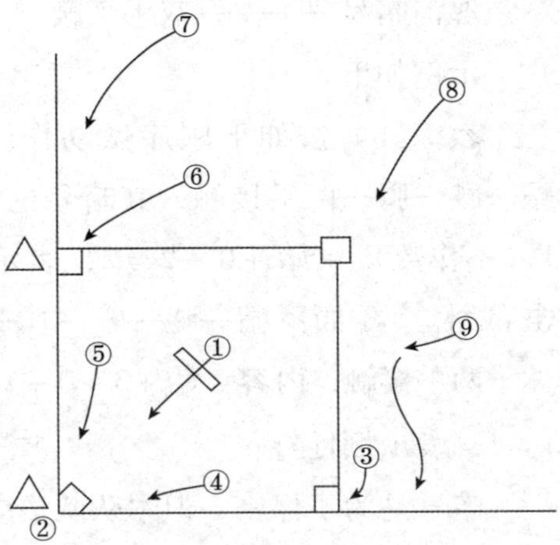

示例三防守战术图

指挥与暗号

1. 全队暗号

暗号是指挥的主要方法之一。暗号通常在赛前准备会上明确，它与本队采用的技、战术密切结合。

下面介绍一种常用的暗号：部位暗号——教练员身体的不同部位各代表一个数码，而将采用的技、战术配合也各用一个固定的数码表示。于是，教练员用触摸身体不同部位的自然动作，发出将打什么战术配合的暗号，在场内的攻方队员明确后，也立即用暗号回应。

战术配合　　　代码

触击————2

盗垒————3

抢分————4

牺牲打————5

基本暗号：

暗号开始————接触帽子

暗号结束————两手接触

取消暗号————双手叉腰

示例如下。

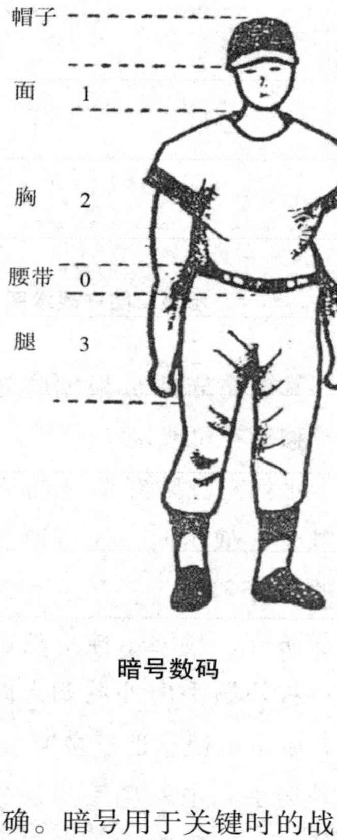

暗号数码

教练员如按如下顺序做动作：面—帽—腰—胸—两手接触，其暗号内容是：1（不作数）+始+0+2=2，表示打触击战术。再如：帽—腿—腰—耳—腰—鼻—两手接触，内容：始+3+0+1+0+1=5，表示牺牲打。

暗号是为了保密，但本队队员应人人明确。暗号用于关键时的战术配合，应简明确切，容易记认，必要时还可改换暗号。因攻方发暗号时，守方必然在注视和力求破译并采取对付措施，破坏进攻配合，赛前会常准备两套暗号，例如数码加减暗号、特定部位暗号等。教练员在跑垒指导员区内发的暗号也是有真有假，防范失密或被破译。场内攻方队员看清暗号后也用暗号回答："明白。"如回"没看清"暗号，教练员应改换结构方法重新明确原定配合或另换措施，必要时，教练员或场内攻方队员都可要求暂停比赛，明确布置。

2. 局部暗号

（1）投、接手牵制跑垒员的暗号。主要是牵制二垒或者一垒跑垒员离垒距离较大，有触杀机会；或者用牵制球迫使跑垒员不敢远离垒位。接手在下蹲准备接投球时和投手起动投球前兼顾跑垒员一眼，必要时即向投手发出牵制信号。

（2）投、接手投球暗号。接手成下蹲准备接投球姿势，右手放在两腿之间，左手用手套盖在右手之上，只让投手能看到右手所发出的暗号。用握拳、手的动作、手指数等向投手表示要什么性质、投到哪个点的投球。投手随即给予如何配合的答复暗号。

（3）投手与二垒手及游击手牵制二垒跑垒员、触杀偷二垒的一垒跑垒员等情况前的联系暗号，谁上二垒接球的暗号等。

（4）三垒手与右手投手牵制一垒跑垒员的暗号，可以减轻投、接手的任务和负担。监视一垒跑垒员和发暗号都由三垒手担任。

（5）某些特殊局面条件形成或预防突变而采取相应措施时，投手向二垒手、游击手发暗号转知外场手，也往往由接手直接喊话或指挥。

PART 8 裁判标准

曲棍球比赛裁判标准

曲棍球比赛裁判员

高水平的裁判工作有助于运动员养成遵守竞赛规则的习惯，对提高比赛的水平具有十分重要的意义。因此，裁判员应透彻地了解规则，并不断学习，以更新自己的知识。他应尽量使自己执法的比赛更精彩激烈，并力求通过自己对规则的解释使每一场比赛都能在正确的精神的指导下进行。

裁判员做好以下四个方面是很重要的：

（1）裁判员必须自始至终保持对比赛的完全控制；

（2）绝对不能使犯规者获得利益；

（3）鸣哨越少越好；

（4）两名裁判员应自始至终相互配合，以确保规则在实施、解释和效能上的一致性。

裁判员不必对每一个犯规都进行判罚。犯规队员没有获益时，对轻微的犯规不必判罚而让比赛继续进行，这就是有利原则即给被犯规一方有利。而一旦实施了有利原则，对先前的犯规也就不能再去计较。

裁判员要使运动员认识到自己是坚决执行规则的，只有这样，个别运动员的粗野和危险动作会有所收敛。

裁判员对比赛要保持一种不带个人感情色彩的冷静态度。任何时候都应集中精神，以确保比赛以外的任何事情都不致分散自己的注意力。

裁判员对比赛的动向或趋势要有预见性。只有随时保持警觉，并能超越当时的情况，预见到下一步行动，才能做一名称职的裁判员。判罚应果断明确。在某些情况下，要稍候片刻再作决定，以便有足够的时间来实施“有利原则”。

实施有利原则是有限的。有时可不考虑有利原则，而直接判罚任意球、短角球或点球。但这些判罚也可以伴以警告、暂时罚出场或取消全场比赛资格。任何一种警告或罚出场也都可单独使用。

要做好一名称职的裁判员，不能过于宽容。为了运动员和曲棍球运动本身的利益，任何违背规则精神的行为都应受到严厉的判罚。

对防守队员在25码区内故意犯规判罚短角球，弧内故意犯规判罚点球两方面，裁判员应更充分运用自己的权力。

裁判员的着装要求

（1）能够自由行动；

（2）服装颜色有别于比赛队；

（3）有装裁判器具的口袋；

（4）鞋应能适应比赛场地的状况，在湿滑的场地上，以带钉状或条状鞋钉的曲棍球鞋为宜；

（5）为遮挡强烈的阳光，可戴眼罩或有帽沿的帽子，而不宜戴深色墨镜，因墨镜易使裁判难以区分比赛双方的服装；

（6）天气恶劣时穿戴必要的保护服装。

裁判员应随身携带的器具

（1）一本最新公布的规则手册；

（2）一只响亮的有带哨子，并有一备用哨；

（3）一块秒表或带秒针的走时准确的手表；

（4）两支铅笔和红、黄、绿牌各一张；

（5）一张记事卡，用以记录每个半场的开始时间、暂停需补足的时间及被罚队员号码和进球时间。

裁判员的跑位和站位

裁判员处于正确的位置上以便能看到所有犯规动作，是至关重要的。为此，除了球在弧内或对侧边线附近外，他应该在自己的半场内，在场外沿边线不断地随比赛攻守情况跑动，并使防守一方的球门处于自己的右侧。当球在弧内或对侧边线时，裁判员应进入场地，必要时应进入弧内。在这样的位置上，裁判员才可确认射门是否是在弧内进行的，并能清楚地观察阻拦和球棍干扰等犯规行为及球进入门与否。两个裁判员对场地的基本分工和活动区域（阴影部分）如图所示。

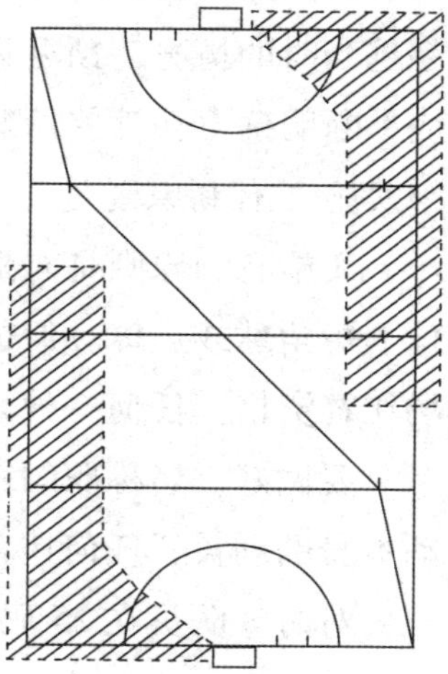

裁判员分工活动区域

裁判员鸣哨与手势

1. 裁判员鸣哨

鸣哨应果断，哨音要足够响，使所有运动员都能听到。通常，发任意球、16 码球、边线球、长角球和短角球时不鸣哨。但开始比赛、停止比赛、进球、比赛终了和犯规必须鸣哨。

2. 裁判员手势

一般情况下，主要的手势是表示方向的，裁判员只用一臂略高于平举，手的指向即发球方向。例外情况有：

发球方向手势图

进球手势图

进球：两臂指向场地中心。

16 码球：两臂向两侧平举。

短角球：两臂指向球门。

16 码球手势图

短角球手势图

点球：一臂上举，另一臂指向 7 码罚球点。

暂停：两臂在头上交叉。

点球手势图

暂停手势图

长角球：一臂指向球出端线一侧的角旗。

争球：双手做争球动作。

有利：一臂指向有利一方的进攻方向。

手势应保持足够长的时间，以确保所有运动员都清楚裁判员的裁

长角球手势图

决和判罚。

曲棍球比赛判罚标准

比赛中的任意球标准

（1）罚任意球应在犯规地点执行，下列情况除外：

攻方运动员在射门区内犯规，罚任意球可在：射门区内任意一点执行，或在守方球门线内沿 14.63 米以内，穿过犯规地点的一条平行于边线的线上任意一点上执行；

攻方运动员在射门区外，但在守方距球门线 14.63 米以内犯规，罚任意球可在垂直端线，穿过犯规地点的 14.63 米处的那一点上执行。

（2）球必须放稳不动，然后才可推、击球。不可收球击起形成危险或有可能导致危险的状态。发球一方必须使球滚动后，才能铲击起高球或挑高球。

（3）击任意球时，对方的任何运动员都不得站在离球 4.55 米的距离以内，但是，如果裁判员断定某一运动员有意识站在离球 4.55 米以内是为了赢得时间，则该任意球应毫不拖延地立即执行。当因守方在射门区外的 4.55 米距离内犯规而判给进攻队的任意球时，必须将球拿到离射门区外 4.55 米处罚球。

（4）如果主罚任意球的队员未击中球，只要没有犯规，可以重罚。

（5）击出任意球后，在双方其他运动员得球以前，主罚运动员不得再触球或接近击球距离以内。

比赛球出场外的处理

1. 出边线外

（1）当整个球体完全超过了边线外，在球出界的地点将球放定，由击球出界队员的对方一名队员推球或击球，但不得无故拖延。击球或推球时，并不要求该队员完全站在边线外或完全站在边线里。

（2）推球或击球时，双方任何队员均不得处于离球 4.55 米范围以内。如果裁判员认为某一运动员留在 4.55 米范围以内是为了赢得时间，则令推球或击球立即执行。

（3）球一经击出或推出，在被其他任何队员碰触以前，该执行队员不得再次触球，或进入击球距离以内。

2. 出端线以外

（1）系进攻队员击出：当球被进攻队员打出端线而又没有进门，或根据裁判员的判定，球被守方队员在半场平分线外无意击出本方端线外，由守方队的一名队员在正对着球出界处并距端线内沿不远于14.63米的地方击球重新开始比赛。击球时，对方队员不得处于离球4.55米的范围以内。

（2）系防守队员击出：如果裁判员认定球是同站在本方半场平分线以内的守方队员无意地打出端线以外而又没有进门，则由对方罚角球。在球出界那一侧的端线上，离该侧角旗4.55米的一点上击球或推球。如果裁判员认定守方队员在场内任何地点故意地将球打出球门线（球未进门），判为攻方罚短角球。

3. 短角球

（1）由攻方一名队员在球门的任意一侧距球门柱至少9.14米的端线上沿地面推球或击球。罚短角球时，并不要求罚球运动员的整个身体全在比赛场内或场外。

（2）在击球或推球的刹那间，其他队员不得在离球4.55米的范围内，攻方的其他运动员应当处于比赛场地以内，球棍和脚必须保持在射门区外。守方运动员最多5人可站在本方球门线或端线后面，其球棍和双脚应在球门线或端线外，其余队员应站在中线以外。

（3）球被推出或击出以前，任何双方运动员均不得进入射门区，任何守方运动员都不得超过球门线、端线和中线。

（4）罚短角球时不得直接射门，必须先由一名攻方运动员将球停在地面上，而后射门，或球触及守方运动员的球棍或身体以后射门。

发出的球无论在射门区内外都必须停止在地面上。不要求必须用棍停住球，它可能自己停止移动；

球如未被停住，可以传球，但无论传多少次，其中必须有一次将球停住过，方可射门；

射门的第一击（指用击球动作第一次射门），球进门的高度必须低于底挡板和侧挡板的顶部，除非球被防守队员的球棍或身体碰起；

停球后即可采用推、挑高球的方法射门，只要推、挑高球时没有形成危险。

（5）球罚出以后，未经其他运动员触及，主罚队员不得进入击球距离以内。

（6）罚短角球的运动员如未击中球，只要不违反规定，可以重罚。

（7）罚短角球的运动员不直接射门得分。

（8）攻方运动员进入射门区或守方运动员越过球门线或中线过早，由裁判员决定可以重罚。守方运动员连续超过球门线或中线过早，裁判员可以判罚点球。攻方运动员连续进入射门区过早，裁判员可以判守方罚任意球。

比赛中的罚点球

（1）如果裁判员认为：守方运动员在射门区内故意犯规，使本来可能射门得分的球未能射中，应判罚点球。

（2）罚点球时，可由攻方一名队员在球门前正中6.40米处罚球点上推球、推挑球或挑球射门，由对方守门员防守，其他双方所有队员均须站在守方半场平分线以外。

（3）如果守门员因故不能继续比赛或被罚出场，守方队长应立即指定另一名守门员上场顶替，允许新守门员无拖延地带上护具。

（4）守门员必须站在球门线上，一旦执行罚点球的运动员和守门员就位，当罚球击出之前，守门员不得离开球门线和移动任何一脚。

（5）裁判员认为攻方运动员和守方运动员都准备好以后，鸣哨示意，主罚运动员方可执行点球。

（6）罚点球时，主罚队员须靠球站立，允许上前一步发球。上步以后，只要后脚在球动以前不超过前脚，可以移动后脚，拖动或抬起后脚。主罚运动员只能触球一次，发球后不得再接近守门员。

（7）罚点球的方式不限，球可以升到任何高度。

（8）守门员停挡射门不过时，如果球超过肩部的高度，不得用球棍的任何部分去触碰该球，但允许运用正当的守门员特权。从判罚点球到执行罚点球完毕之间，守门员不得更换服装或其他用品。

（9）罚球队员在击球之前以任何动作诱使守门员移动双脚或先做动作而后击球，如球已罚进球门，则重新执行点球。

（10）罚点球的结果为：

整个球体在球门横木以下，两门柱之间完全超过球门线为进一球；

如守门员有任何妨碍进球的犯规行为，裁判员应判为进一球，除非这一犯规行为系罚球队员的诱惑动作所致；

罚出的球停在射门区内、落在守门员的护具中、被守门员抓获或击出射门区外，即为罚点球完毕。如未进球得分或未判为进球得分，则应由守方一队员在不过球门正中前方离球门线14.63米远的地方击任意球，重新开始比赛。

（11）从判罚点球到执行罚点球之间的时间必须扣除，再增加到比赛的总时间上去。

（12）守方队员犯规而球未中时，重罚。攻方队员犯罚则由守方发任意球。

开球或重开球犯规动作

（1）比赛开始时的开球、下半场的重开球、得分后的重开球，均由一名队员在场地中央做一个“后传球”，后传球不可直接过中线。除执行后传球的队员之外，其余所有的队员均应站在本方半场内，守方队员至少应离球4.55米。

（2）开球队员不得拖延时间。

（3）违反规则者则判给对方任意球。

比赛争球

（1）发生下列情况时，在事由发生地点执行争球：

球夹在守门员的护具里，或运动员、裁判员的衣服里；

双方运动员同时犯规；

双方运动员同时将球打出场地外；

因本规则未规定的原因暂停。

（2）争球时，双方各出一名队员，平行站立，右侧对着本方球门线，球放在两队员之间的地面上。两队员用球棍敲打各自半场地面一次，然后用棍头的平面在球的上方轻敲对方的球棍，如此反复三次，随后两运动员中任一人可用他的棍面拨球使之进入正式比赛。

（3）球进入比赛之前，其他任何队员都必须处于比球更近于本方球门线的位置上，并不得站在离球 4.55 米距离以内。

（4）在射门区内的争球，不得在距离球门线 4.55 米距离以内进行。

（5）违反第（2）、（3）条规则时，争球重新进行。连续违反第（2）、（3）条规则时，裁判员可判给对方以任意球；如这种连续犯规是守方在射门区内，则判罚短角球。

比赛进球得分

（1）当球在射门区内被攻方运动员的球棍击出或碰擦后，整体在球门柱之间，横木之下完全超过球门线，即为攻方进球得一分（射门球击出后，是否触及守方运动员的身体或球棍是无关紧要的）。如果在比赛中球门柱或横木发生移位，球的整体在某一点完全超过球门线，裁判员认为这一点是在没有移位的球门之间，横木之下，仍算进球得分。

（2）进球得分多者为胜队。

比赛中的行为标准

（1）运动员不可以：

用球棍的背面击球；

没有球棍参加比赛、干扰比赛（除非手中有自己的球棍或为发短角球、点球而更换球棍，“自己的球棍”是指比赛开始时运动员所用的球棍，或者运动员合法更换的球棍）；

在跑动、预备击球、击球或停球时，以危险的姿势举棍危吓或阻碍另一方运动员，以球棍的任何部分去击超过运动员肩部高度的球；

向对方运动员大力击球，或使用带有危险性的击球、踢球动作以及容易导致危险的动作，或故意用球击对方的脚、腿和身体的其他部分；

用身体的任何部分使地面或空中的球停下来；

用脚或支撑球棍以对抗对方运动员；

除使用球棍以外，采用任何方法，向任何方向踢球、扔球、运球和推进；

敲、勾、抱、打或干扰对方运动员球棍；

撞、踢、推、绊、打、拉对方运动员或其衣服；

跑入或以身体或球棍插入对方运动员和球之间以阻碍对方。（被动地站在原地接传球，不形成阻挡）

（2）运动员可以：

只使用球棍平面一侧，包括平面以上的棍柄部分击球、停球、运球、挡球；

从对方运动员的左侧抢球，但不得先干扰对方运动员的身体和球棍；

在射门区内，允许守门员踢球和用身体的任何部分停、挡球。如果守门员在球门横木之上或球门立柱周围用手推球，作为对击、推、挑球射门的反应，是唯一被允许的。但用手推停稳的球是不允许的，而且一定要被处罚。

（3）如果球夹在守门员的护具里，裁判员应宣布暂停比赛，在事故发里地点争球，重新开始比赛。如果球击中裁判员，则比赛继续进行。

（4）粗野动作或危险动作，故意延误比赛或裁判员认为构成了不正当行为的其他任何动作行为都是不许可的。

（5）如果在射门区外犯规，则判由对方罚任意球。如果裁判员认为守方在本方半场平分线和球门线之间区域内故意犯规，则判攻方罚短角球。

如果攻方在射门区内犯规，判由守方罚任意球。如果守方在射门区内犯规，判由攻方罚短角球或点球。

如果在射门区内和射门区外，双方运动员同时犯规，则在犯规地点争球。

对粗野动作、危险动作或不正当行为除适当判罚以外，裁判员还可以出示绿牌，警告犯规运动员；出示黄牌，判罚犯规运动员暂时离场至少5分钟；出示红牌，取消犯规运动员继续参加比赛的资格。被罚暂时离场的运动员应站在本方球门的后面，或者在比赛之前所指定的其他地方，直到主罚裁判员允许其恢复比赛。

垒球比赛裁判标准

垒球比赛裁判工作

作为一名裁判员必须要有严肃认真的工作态度，实事求是的工作作风；要有强烈的事业心与高度的责任感；要精通垒球竞赛规则和裁判方法，精益求精，不断提高业务能力和裁判水平。在临场执行裁判工作时，要理论联系实际，公正准确地判决；要认真工作敢于负责；要明察秋毫，减少错判和漏判；要遵守纪律顾全大局，同时要根据实际情况灵活掌握，控制好比赛进程。

比赛裁判制

裁判制就是在垒球比赛裁判工作中，裁判员在场上的位置、任务、移动路线和配合方法。垒球比赛场地大，参加人数多，规则复杂；双方队员在场上攻守活动接触面分散，攻守动作的成败时间性很强，为了能全面照顾到全场，正式的垒球比赛应采用四人裁判制，即在比赛场上应有 4 名裁判员共同执行裁判工作。

四人裁判制中，比赛场上的裁判员分为司球裁判与司垒裁判：司球裁判 1 人，也称为主裁判，位于接手背后，担任司球和主持全场比赛工作；司垒裁判 3 人，分别在一、二、三垒附近各司其垒，协助主裁判判别界内、界外球，双方的攻守活动和协助主裁判执行比赛规则。

在某些重大的比赛中，还派出两名司线裁判员在本垒打线外执行裁判任务。在裁判人员不足时或非正式比赛中，可以采用三人或二人裁判制，即由 1 人担任司球裁判，其他 2 人或 1 人担任司垒裁判。在一般小型比赛或教学比赛中，也可以采用一人裁判制，即由 1 人担任司球兼司垒裁判工作。以下是在各种裁判制的裁判工作中裁判员的站位和分工区域。

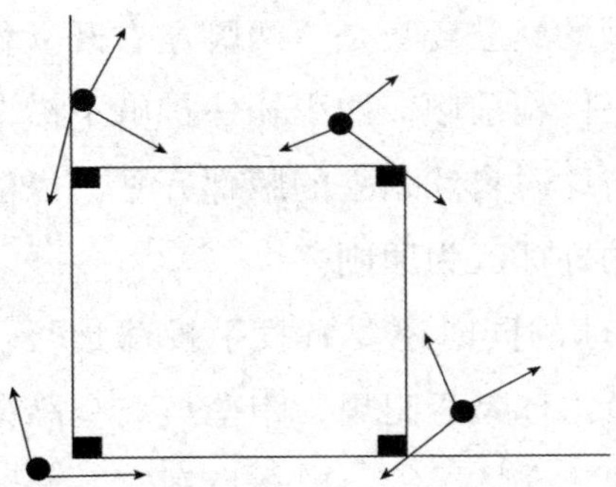

四人裁判制分工区域

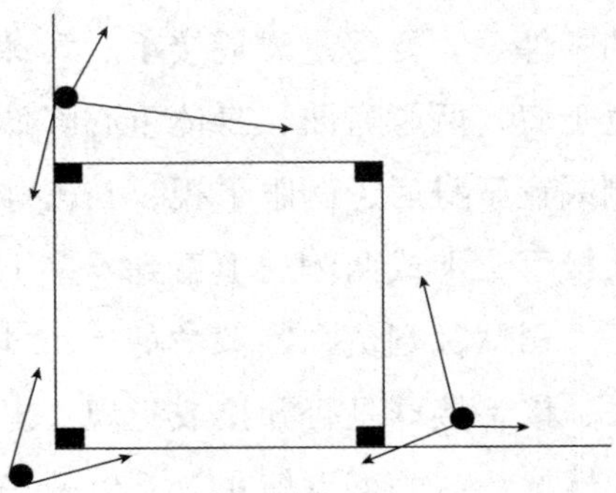

三人裁判制分工区域

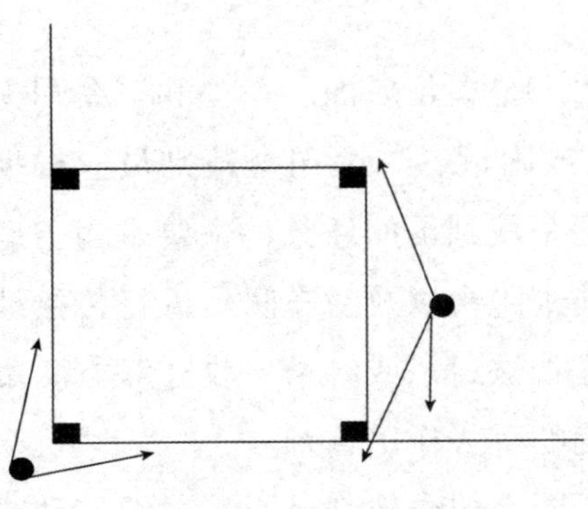

二人裁判制分工区域

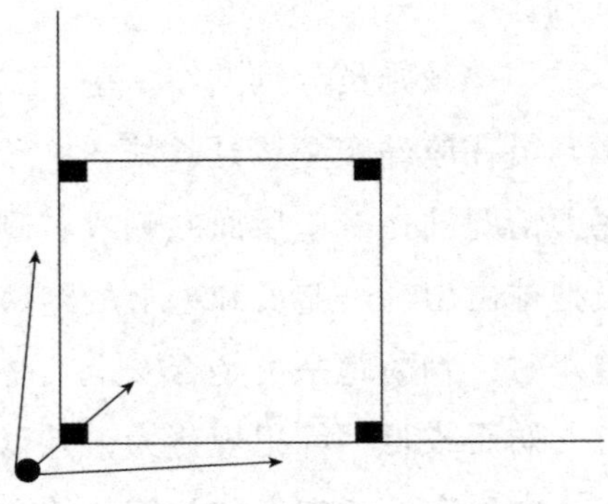

一人裁判制的裁判站位

除了在场上执行裁判工作的裁判员之外，场外还应有裁判员和工作人员协同工作。场外的裁判员中有一名裁判长，负责比赛的全面工作，另有两名记录员在本垒挡网的后面负责比赛情况的判定和记录工作。垒球比赛的记录员应经过专门的培训与考核才可以担任。垒球比赛的裁判员可以依据规则精神制定必要的临场规则并执行，有权命令拒绝执行裁判员判定的运动员、教练员、领队退出比赛，有权命令任何人员退出比赛场地。

裁判员在场上的位置与活动范围

司球裁判在场上的活动范围较小，但是他的职权很大，为了有效地作出正确的判决，司球裁判在场上必须及时地移动位置。

司球裁判的位置在接手的身后，在不妨碍接手传球动作和本人视野的条件下，要尽量靠近接手。司球裁判的站立姿势是：两脚左右开立稍宽于肩，两膝弯曲，身体重心降低，上体稍前倾，两手托住护胸下沿两侧或置于身后，两眼平视，与击球员击球时自然站立的腋部齐平，以能从接手头上或两侧肩上看到本垒上空的好球区为原则。

司球裁判员在判清“好”、“坏”球的同时还要看投手投球是否合法、接手接球是否漏接或犯规、击球员击球是否犯规、跑垒员离垒踏垒的情况、球的落点停止点，以及场上的攻守情况等。要重点观察，兼顾一般，所以有时必须移动位置，并及时以洪亮的声音和准确的手势作出宣判。

司垒裁判员分别站在一垒、二垒、三垒垒位后面。一垒和三垒司垒裁判员在应站在垒线延长线3～5米处或附近，二垒司垒裁判员应根据场上情况站在二垒后面左侧或右侧。司垒裁判员的任务，主要是当击球员把球击出，击跑员和垒上的跑垒员前进跑垒以及防守队员进行传接球传杀时，判断跑垒员是否安全上垒，是否被封杀或触杀，攻守双方队员有无妨碍或阻挡等犯规行为，并以准确的手势作出宣判。

由于在比赛中击球和传球的方向不同，司垒裁判员要及时地移动或跑到有利的位置，看清情况才能作出准确的判断，一般而言，司垒裁判员应与来球方向保持90°角左右为宜。遇到击球员击出较远的外场腾空球时，司垒裁判员还要随球飞出的方向快速跑动，在接近球的落点附近观察情况，作出判断和手势。

裁判员的职责与分工

在一场垒球比赛中，所有裁判员与工作人员应是一个整体，司球裁判员、司垒裁判员和记录员分工虽然不同，但必须互相信任，互相尊重，加强团结与协作，才能做好比赛的裁判工作。

一场垒球比赛在赛前裁判员要做的工作一般有以下内容：

（1）裁判员和工作人员在比赛开始之前20~30分钟到达比赛场地，首先检查比赛场区、场地上的画线是否准确，比赛所用的器材、用具是否齐全，是否符合规定标准；

（2）裁判员应该了解比赛的规程及有关比赛的特殊规定等；

（3）主裁判召集所有裁判员和工作人员研究重点规则的判罚，统一裁判手势、联络信号及配合方式；

（4）召集比赛双方的队长抽签选择攻守权，索取比赛记录表等。

在比赛进行的过程中，司球裁判员与司垒裁判员的职责各不相同。司球裁判员的主要职责是：宣布比赛队的弃权、比赛开始、比赛进行；判断“好”球与“坏”球，界内球与界外球；宣布“内场腾空球”、安全进垒、出局和得分；判定投手的不合法投球，“投球中身”；宣判“本垒打”；宣布比赛结束、比赛结果与胜负等。司垒裁判员的主要职责是：宣布各垒位跑垒员的“出局”或“安全”；宣判跑垒员“离垒过早”、暂停、界内球、界外球；宣判高飞球被接杀；协助主裁判判断不合法投球和内场腾空球；判定“阻挡”与“妨碍”等犯规行为。

在正式比赛中，场外另设记录员1~2名，负责登记比赛队上场队员的姓名、号码、位置、击球次序，替补队员上下场及比赛技术统计等工作。重大比赛还应设有值班裁判长，在本垒打线附近还要设置1~2名本垒打线司线员等。

PART 9 赛事组织

曲棍球赛事组织

曲棍球组织机构

国际曲棍球联合会

国际曲棍球联合会，简称国际曲联，1924 年 1 月 7 日创立，是全球性的曲棍球运动管理机构。

曲棍球进入奥运会较早，但其地位不稳。1908 年伦敦奥运会列为比赛项目，1920 年安特卫普奥运会也有曲棍球比赛，而 1912 年斯德哥尔摩奥运会和 1924 年巴黎奥运会却没设此项目。巴黎奥组委拒绝曲棍球的理由是，该项目没有国际组织。这大大地刺激了曲棍球运动的爱好者，于是法国人莱奥泰倡议，于 1924 年 1 月 7 日在法国巴黎成立了国际曲棍球联合会，莱奥泰就任第一任主席。七个创始国包括奥地利、比利时、捷克斯洛伐克、法国、匈牙利、西班牙和瑞士。国际曲联迅速吸纳了许多成员国，得到国际社会承认。1982 年，国际曲联与 1927 年由澳大利亚、丹麦、英格兰、爱尔兰、苏格兰、南非、美国和威尔士发起成立的 IFWHA（国际女子曲棍球联合会）合并。

国际曲联的总部在 2005 年从布鲁塞尔移到洛桑。国际曲联的现任主席是来自西班牙的林德罗 · 内格雷（Leandro Negre）。

国际曲联设有规则委员会、竞赛委员会、发展与教练委员会、设备委员会、营销与宣传委员会、医务委员会、裁判委员会和运动员委员会等专门委员会。

国际曲联的任务是督促会员遵守业余原则，确定比赛规则，监督室内外正式曲棍球比赛；举办国际大型比赛（包括奥运会）；核审比赛成绩等。

国际曲联包括五大洲联合会和127个成员国和地区协会。根据地区分，17个来自非洲、30个来自亚洲、45个来自欧洲、9个来自大洋洲和26个来自泛美地区。

国际曲棍球联合会附属成员有：亚洲曲棍球总会、非洲曲棍球联合会、泛美曲棍球联合会、大洋洲曲棍球联合会、欧洲曲棍球联合会。

国际曲联举办的赛事：男、女曲棍球世界锦标赛（4年一次）；作为世界锦标赛预选赛的洲际国家队杯赛（4年一次）；欧洲男子、女子和青年锦标赛（4年一次）；欧洲冠军杯赛（每年举行）。此外，受国际曲联监督的还有亚洲、北美和南美洲冠军赛。

中国曲棍球协会

中国曲棍球协会成立于1981年，总部设于北京市。该会是中华全国体育总会下辖的单项运动协会之一，是中国曲棍球运动的全国性群众组织。

中国曲棍球协会的宗旨是：团结全国曲棍球运动工作者、运动员、爱好者，指导发展我国的曲棍球运动，促进全国曲棍球队伍的精神文明建设；推动曲棍球运动的普及和技术水平的提高；增进与各国、各地区曲棍球协会和组织的交流和友谊，加强与国际曲棍球联合和亚洲曲棍球联合会的联系和交流；负责协调组织全国性的各类、各级曲棍球竞赛和训练工作；拟定有关曲棍球教练员、运动员管理制度，负责协调、组织曲棍球教练员、裁判员、运动员的培训工作；制定曲棍球运动员、教练员、裁判员技术等级制度，负责运动员资格的审查和处理。

该会下设全国委员会、常务委员会、秘书处、教练委员会、裁判委员会、科研委员会等机构。

国内外重要曲棍球赛事

奥运会曲棍球赛

曲棍球是较早进入奥运会的项目之一。1908 年，男子曲棍球被列入第四届伦敦奥运会比赛项目，但在 1912 年斯德哥尔摩奥运会上，曲棍球项目被排除在外。

1920 年的安特卫普奥运会上，曲棍球又重新回到奥运赛场上。在 1924 年的巴黎奥运会上，组织者以曲棍球运动没有统一的国际组织为由拒绝接受该项目。从 1928 年阿姆斯特丹举行的第九届奥运会起，曲棍球成为常设比赛项目。

女子曲棍球项目在 1980 年第二十二届莫斯科奥运会才开始增设。

过去的历届奥运会，曲棍球比赛都由国际曲联根据各国在重要赛事上的成绩遴选参赛队伍，随意性大，也欠公正。国际曲联后决定，从 1992 年第二十五届奥运会（巴塞罗那）起将实行预赛制度。但它仍与足球等项目不同，不是任何国家都可直接参加预选赛，而是必须在预选赛前的若干比赛中取得一定的名次才有资格。

奥运会曲棍球比赛有男、女各 12 个队参加。男、女比赛自动入选的有东道主队、上届奥运会冠军、上届世界杯冠军和五大洲的冠军共 8 个队。上述各队的自动入选资格不能因其弃权或获双重资格（如既是奥运会冠军，又获世界杯冠军）而由其他队递补。而男、女不足 12 个队的其他进入决赛资格的名额，是通过奥运会预选赛产生的。

奥运会预选赛在奥运会前一年进行，参加的队伍是世界杯（奥运会前两年的一届）参赛队和洲际杯赛（奥运会前三年的一届）的前若干名，到底是前几名参加预选赛，这取决于世界杯参赛队中有多少队参加预选（自动入选的队不参加预赛）。不足 12 队之数从洲际杯前几名中依次补齐。

曲棍球世界杯赛

世界杯赛的重要性和影响仅次于奥运会比赛。男子第一届曲棍球世界杯赛于1971年在巴塞罗那举行，女子曲棍球世界杯赛则是1974年开始举办第一届。男子、女子世界杯赛现已成功举办过12届。过去每2~3年举办一次，现已逐渐过渡到每4年举办一届，安排在奥运会4年间隔的中间。第十三届曲棍球世界杯赛将于2014年在荷兰海牙举行。

男子曲棍球巴基斯坦队曾4次夺得曲棍球世界杯冠军，为该项比赛成绩最好的球队。荷兰队3次夺得冠军，德国队、澳大利亚队各有2次夺得冠军，印度队获1次冠军。

女子曲棍球荷兰队为强队，曾经获得6次冠军，阿根廷、澳大利亚、德国队各获2次冠军。

中国女曲在世界杯最好成绩是第十届2002年在澳大利亚伯斯以2:0战胜东道主获得铜牌。

男、女世界杯赛各有12个队参赛。每届的前8名（女子从第七届起改为前6名）直接参加下届的比赛，后4名（女子后6名）退回到洲际杯赛上同另外8个队（女子为6个队）争夺下届世界杯的另几个名额。

曲棍球冠军杯赛

男子曲棍球冠军杯赛于20世纪80年代初由巴基斯坦倡议举办，开始每年一届，后改为每两年举办一届；女子曲棍球冠军杯赛于1987年举办第一届，今后的冠军杯比赛将安排在奥运会和世界杯赛的后一年举办。这项赛事虽说与奥运会或世界杯赛的参赛资格无关，就重要性来说尚不如洲际杯赛，但由于只有世界杯赛的前6名参加比赛，因此，可以说是世界最高水平的比赛，其影响之大是不难想象的。

曲棍球洲际杯赛

曲棍球的洲际杯赛安排在世界杯赛前一年举行。它实际上是世界杯的预赛，因而也是奥运会预赛的资格赛。参加洲际杯赛的12个队（男女同）是主办国的国家队、上届世界杯赛后4名队伍（女子后6名）和洲际杯预赛出线的7个队（女子5个队）。洲际杯预赛在洲际杯前一年举行。

亚运会曲棍球赛

亚运会曲棍球比赛是亚洲曲坛第一赛事。男子比赛始于1958年的第三届，已举办过10次；女子比赛始于1982年的第九届，亚运会曲棍球比赛不需预赛。

曲棍球亚洲杯赛

亚洲杯赛是亚洲曲坛仅次于亚运会的赛事。男子于1982年开始举办，女子比赛始于1985年。每4年举办一届，安排在亚运会前一年进行。参加亚洲杯赛不需预赛。

曲棍球亚洲冠军杯赛

从1990年起，亚曲联组织亚洲冠军杯比赛（第一届男子在巴基斯坦、女子在日本）。这是亚洲各国冠军之间的比赛。

曲棍球世青杯赛和亚青杯赛

世青杯赛是各国21岁以下青年之间最高水平的赛事，4年一届，在奥运会后一年进行。从1993年起，参加世青杯赛的队需在赛前两年在各洲预赛，然后进行各洲之间的决赛，出线的10个队会同主办国队和上届冠军队参加世青杯赛。

亚青杯赛男子第一届于1987年12月～1988年1月在卡拉奇举办。

除上述各项赛事外，影响较大的比赛还有印度举办的英迪拉·甘地国际金杯赛。

国内主要曲棍球赛事

我国的重大赛事有：每4年一次的全国运动会曲棍球比赛，在奥运会与亚运会之间的一年举行。同时，每年还常举办全国性的锦标赛、冠军杯赛等。具体赛事有：全国男子曲棍球锦标赛、全国女子曲棍球锦标赛、全国男子曲棍球联赛、全国女子曲棍球联赛、全国青年男子曲棍球锦标赛、全国青年女子曲棍球锦标赛、全国六人制青少年曲棍球锦标赛。

曲棍球竞赛组织

各曲棍球比赛规则有所不同，现以全国曲棍球“冠军杯”赛事组织来阐释曲棍球竞赛组织方法：

比赛分组方法

比赛分两个阶段进行：

1. 第一阶段

如参赛队不足 8 支，则不分组，采用单循环比赛办法，决出第一阶段的名次。如参赛队为 8 支以上（含 8 支），则分两个小组，采用单循环比赛办法，分别决出第一阶段各小组的名次。如参赛队为 15 支以上（含 15 支），则竞赛办法另行制定。

2. 第二阶段

（1）参赛队不足 8 个队，则由获得第一阶段第 1、2 名、第 3、4 名、第 5、6 名的队各进行一场附加赛，决出最后名次。获单循环第 7 名的队不再进行比赛。

（2）如参赛队为 8 个队，则将第一阶段获得两个小组第 1、2 名和第 3、4 名的队分别组成两个小组，采用交叉淘汰赛办法决出第 1 至 4 名和第 5 至 8 名。

（3）如参赛队为 9 个队，则将第一阶段获得两个小组第 1、2 名和第 3、4 名的队分别组成两个小组，采用交叉淘汰赛办法决出第 1 至 4 名和第 5 至 8 名，获小组第 5 名的队伍不再进行比赛，为第 9 名。

（4）如参赛队为 10 个队，则将第一阶段获得两个小组第 1、2 名和第 3、4 名的队分别组成两个小组，采用交叉淘汰赛办法决出第 1 至 4 名和第 5 至 8 名，获两个小组第 5 名的队伍进行附加赛，决出第 9 至 10 名。

（5）如参赛队为 11 个队，则将第一阶段获得两个小组第 1、2 名和第 3、4 名的队分别组成两个小组，采用交叉淘汰赛办法决出第 1 至 4 名和第 5 至 8 名，获两个小组第 5 名的队伍进行附加赛，决出第 9 至 10 名，获小组第 6 名的队伍不再进行比赛，为第 11 名。

（6）如参赛队为 12 个队，则将第一阶段获得两个小组第 1、2 名、第 3、4 名和第 5、6 名的队分别组成三个小组，采用交叉淘汰赛办法决出第 1 至 4 名、第 5 至 8 名和第 9 至 12 名。

（7）如参赛队为 13 支队，则将第一阶段获得两个小组第 1、2 名、第 3、4 名和第 5、6 名的队分别组成三个小组，采用交叉淘汰赛办法决出第 1 至 4 名、第 5 至 8 名和第 9 至 12 名，获小组第 7 名的队伍不再进行比赛，为第 13 名。

（8）如参赛队为 14 支队，则将第一阶段获得两个小组第 1、2 名、第 3、4 名和第 5、6 名的队分别组成三个小组，采用交叉淘汰赛办法决出第 1 至 4 名、第 5 至 8 名和第 9 至 12 名，获两个小组第 7 名的队伍进行附加赛，决出第 13 至 14 名。

3. 单循环比赛时，按 2009 年全运会名次顺序采用“1”不动逆时针旋转原则进行编排。首次报名参赛的队伍按报名顺序。

4. 分组比赛时，根据 2009 年全运会名次采用按蛇行排列原则分组。首次报名参赛的队伍按报名顺序，报名在前，分组序号在前。

5. 通过人才交流组成的队，分组比赛时原则上不与原省（市）队同在一组。强制分组时，由原属同一省（市）的两个队位置排后的队与另一组中其位置相对应队（如 A 组中 4、5、8、9 与 B 组中 3、6、7、10 相对应）相互调换。

6. 在一场比赛中，净胜球超过 10 分（含），比赛即终止，比赛结果以及比分有效。

决定名次的办法

1. 单循环比赛决定名次的办法

每队胜一场得 3 分，平一场得 1 分，负一场得 0 分，各队按积分多少决定名次，积分多者名次列前。如遇两个或两个以上队积分相等，则依次按以下办法决定名次：

（1）本阶段单循环全部比赛获胜场次多者名次列前；

（2）本阶段单循环全部比赛净胜球数多者名次列前；

（3）本阶段单循环全部比赛进球总数多者名次列前；

（4）相互间胜负关系：胜者名次列前。

如仍无法决出名次，则采用点球比赛办法决定名次。

2. 附加赛办法

附加赛必须决出胜负。如比赛结束时比分相等，则进行加时赛。加时赛分上下半场，各七分三十秒，中场不休息，双方交换场地后继续比赛。加时赛采用突然死亡法。如加时赛结束时比分仍然相等，则采用点球比赛办法决出胜负。

竞赛规则

1. 比赛采用国家体育总局审定的最新曲棍球竞赛规则和国际曲联有关规定。

2. 关于红、黄、绿牌的规定：

（1）一名运动员在一场比赛中被出示二张黄牌，必须立即离开比赛。

（2）一名运动员在比赛中被出示黄牌累计达二张者，停止下一场比赛，即不停止该场比赛资格；

一张黄牌后，又被出示一张红牌，这一黄牌不再累计。

（3）运动员被出示绿牌后必须出场 2 分钟；被出示黄牌后必须出场 5 分钟以上；被出示红牌后必须立即离开比赛（包括赛场周边）。

（4）如运动队有被禁赛的运动员，则该队替补席需相应减少运动员人数。

（5）教练员、运动员或随队官员凡有围攻、漫骂、侮辱、殴打或故意伤害裁判员或对方运动员的，按违反《全国体育竞赛赛区工作条例》和《中国曲棍球管理条例》予以处罚。

比赛服装规定

1. 每队必须准备三套颜色不同的比赛服装，女队员必须穿短裙，守门员的三套上装颜色必须与其他队员的服装颜色有明显区别。

2. 运动员的比赛服装颜色不统一、不带护腿板、不着长袜者不得上场比赛。

3. 运动员的比赛服装，上衣背面及短裙或短裤的正面左侧须印有实心号码，上衣背面号码高20公分，短裙、短裤号码高7~9公分，守门员前胸、后背均须佩带号码。

4. 比赛服装号码必须为1~32号。

5. 运动员必须穿专用曲棍球鞋进入比赛场地，鞋、护袜以及守门员的护腿、护脚颜色必须为深色，但不得为绿色。

6. 进入替补席的领队、教练等工作人员均应着统一服装，否则不得进入替补区。

垒球赛事组织

垒球组织机构

国际垒球联合会

国际垒球联合会（ISF），简称国际垒联，成立于1952年，全世界目前有2500万垒球爱好者。1991年6月13日国际奥委会决定将垒球列为奥运会项目，1996年垒球成为亚特兰大奥运会的正式比赛项目。奥运会的垒球比赛为女子项目。国际垒联是国际单项体育联合会总会的成员，工作用语为英语。

该联合会的任务是制定各协会可接受的符合国际奥委会章程的条例，确保其协会会员的所有比赛符合国际垒联的规章，为奥运会、地区运动会和世界锦标赛制定规则并监督这些比赛的进行，解决协会会员间的冲突，通过国际比赛发展国家间的友好关系。

国际垒联的最高权力机构为代表大会，每两年召开一次。每个协会会员有2票表决权。执行理事会是国际垒联的领导机构，由主席、第一副主席、来自6个地区的9名副主席、秘书长和前任主席共13人组成。

9 名地区副主席的分配为非洲 1 人，亚洲 2 人，欧洲 2 人，中美、加勒比和南美 2 人，北美 1 人，南太平洋 1 人。执行理事会每两年开会一次。由执行理事会出席世界锦标赛的理事组成执委会，执委会有权处理世界锦标赛上出现的问题。国际垒联现任主席是美国人波特（D. E. Porter）。

国际奥委会（IOC）决定 2012 年和 2016 年暂停奥运会女子垒球赛后，国际垒联积极为重返奥运会而努力；2012 年 7 月会长波特和时任国际棒总（IBAF）会长法卡利协商后决定二总会拟合并以利返奥。同年 10 月 31 日 ISF 召开临时会，经表决以 44∶30 票通过和 IBAF 合并。

2013 年 4 月 14 日，原国际棒总（IBAF）在日本召开末代执委会，通过世界棒垒球联盟（WBSC）宪章并公布标志，WBSC 正式成立。原 ISF 会长波特和原 IBAF 会长法卡利任创会共同主席。

国际垒联的主要赛事有：奥运会垒球比赛、世界垒球锦标赛、世界青年全球锦标赛和各大洲垒球锦标赛等。

中国垒球协会于 1979 年 11 月加入国际垒联。

世界棒垒球联盟

世界棒垒球联盟（WBSC）是管理各国棒球及垒球代表队间赛事的组织，办理的比赛有与美国职棒大联盟合作的世界棒球经典赛，和与国际奥林匹克委员会合办的奥运棒球赛、奥林匹克运动会女子垒球比赛超级十二强棒球赛、U－12、U－15、U－18、U－21 世界杯棒球赛、U－18 经典赛等国际棒垒球赛事。

2013 年 4 月 14 日，世界棒垒球联盟正式成立后，公布了该组织争取重返奥运的新口号 Swing For The Fences，该口号既有打全垒打的意思，又可被译作孤注一掷、全力一击，表达了棒垒球重返奥运会的信念和决心。2013 年 9 月 8 日，WBSC 加入国际奥林匹克委员会。

中国垒球协会

中华全国体育总会单位会员，前身是中国棒垒球协会，1979 年 3

月成立。总部设在北京。最高权力机构是全国委员会，执行机构是常务委员会领导下的秘书处。中国棒垒球协会第一任主席为魏明。全国委员会下分别设立棒球、垒球的教练、裁判、科研宣传、器材设备4个附属委员会。1979年11月国际垒球联合会接纳中国为会员国。1981年8月中国棒垒球协会加入国际业余棒垒球协会。1986年中国垒球协会从原棒垒球协会独立出来。1987年12月在北京召开中国垒球协会全体委员会议，张彩珍任主席。1990年垒球项目纳入第十一届亚洲运动会。垒球协会定期举办全国女子垒球联赛、全国青年女子垒球锦标赛、全国大学生女子垒球比赛和“萌芽杯”全国儿童女子垒球夏训比赛。协会每年举办优秀教练员、运动员、裁判员评选活动，以表彰在体育运动中取得的成绩。

垒球赛事

奥运会垒球比赛

垒球自1996年亚特兰大夏季奥运会起成为夏季奥运会比赛项目（只有女子），2005年7月和2009年7月国际奥委会投票决定2012年和2016年暂停奥运会垒球比赛，2006年2月9日确认。

2010年7月，国际奥委会决定将垒球列入2020年奥运会候选项目。国际垒球总会也在2013年4月和国际棒球总会合并新设国际单项总会。垒球未来将跟棒球成为单一项目出现在奥运会中。

奥运会垒球比赛共举办4次，美国队是绝对的霸主，取得了三金一银的佳绩。

中国队最好成绩是在1996年亚特兰大奥运会上取得银牌。

世界女子垒球锦标赛

女子垒球锦标赛是女子国际快速垒球比赛，由国际垒球联合会主办。每4年举办一届。

女子垒球是一种以两支队伍交替进攻和防守的比赛项目。比赛一般进行7局，7局结束后得分多者获胜。如果7局比赛之后两队打平的话，将进入延长赛，直到有一方获胜为止。

首届世界女子垒球锦标赛于 1965 年举行，当时仅有 5 队参赛。1994 年达到 28 个队。现在，世界女子垒球锦标赛决赛有 16 个队参赛（通过预选赛）。

世界杯垒球赛

世界杯垒球赛是由世界业余垒球协会主办的比赛（现为女子比赛）。每年举办一届。

世界杯垒球赛由 6 个参赛队组成，比赛第一阶段以循环赛排出名次。第二阶段，列循环赛前两名的队进行冠军争夺战，列第三、四名的队争夺第三名，列第五、六名的队争夺第五名。

官方的第一届世界杯垒球赛在 2005 年举行。该项赛事在夏季奥运会年不举办。

垒球竞赛方法与编排

垒球比赛采用循环赛加佩奇制赛决定最后竞赛排名，这是垒球比赛中最常用的竞赛方法。这种竞赛制度比赛机会多，有利于相互学习和提高，能较合理地排定各参赛队的名次（有时一次比赛的失利并不影响最终的名次）。

单循环的编排

单循环是指所有参赛队均相互比赛一次，最后按各队在全部比赛中的胜负场数、得分多少排列名次。这种方法一般在参赛队伍不太多（通常为 8 队以下）而赛期又相对较长时采用。

1. 计算竞赛轮次

每个参赛队打完一场比赛为一轮，如果每天进行一轮比赛，竞赛轮数也就是实际比赛的天数。其计算方法为：参赛队数是偶数时，竞赛轮数为队数 - 1。如有 6 个队参赛，竞赛轮数为 6 - 1 = 5（轮），每个队每天打一场比赛，需 5 天打完全部比赛。参赛队数是奇数时，因每天有一个队轮空，竞赛轮数等于队数。如有 5 队参赛，竞赛轮数为 5 轮，也需 5 天完成比赛。

2. 编排竞赛轮次

将参赛队从 1 ~ N 编号，并将其平均分成两半，前一半号数由 1 号起自上而下列在左侧，后一半号数自下而上列在右侧，然后用横线将相对的号数联结起来，这就是第一轮的比赛。若遇参赛队为奇数时，则采用“补”0 的方法使之成为偶数。遇到 0 的队该轮轮空。第二轮及以后轮次的排法是：1 号位置固定不变，其余的号码按逆时针方向移动一个位置再用横线连结。

3. 编排竞赛日程表

轮次表排定后，按各队抽签号码将队名填入轮次表，即可据此排出竞赛日程表。在编排竞赛日程表时，应遵循各队机会均等的原则，如比赛时间、比赛场地的安排均应考虑这一原则。

4. 计分方法和名次排列

单循环制确定比赛名次时，以积分多少排列名次，即胜一场得 2 分，负一场得 0 分，积分多者名次列前。若遇两队积分相等，按两队相互间比赛的胜负决定名次，胜者名次列前；若遇三队或三队以上积分相等，按积分相等各队相互间比赛的失分多少决定名次，失分少者名次列前；若相互间的失分数再相等，则按他们在单循环赛中所有比赛的失分多少排列名次，失分少者名次列前；如再相等，则按全队安打率决定名次（高者列前）或按各队间比赛的残垒数排定名次（依次按三垒残垒数、二垒残垒数、一垒残垒数多少排定名次，多者列前）。

分组循环

分组循环是把参赛队分成大致相等的若干组，分别进行单循环比赛，排出小组名次（排名参照单循环比赛名次的排定）后再进行第二阶段比赛。一般在参加比赛的队数多而竞赛时间有限时使用。

佩奇制决赛

（1）单循环后的佩奇制决赛的名次排定（前八名）。

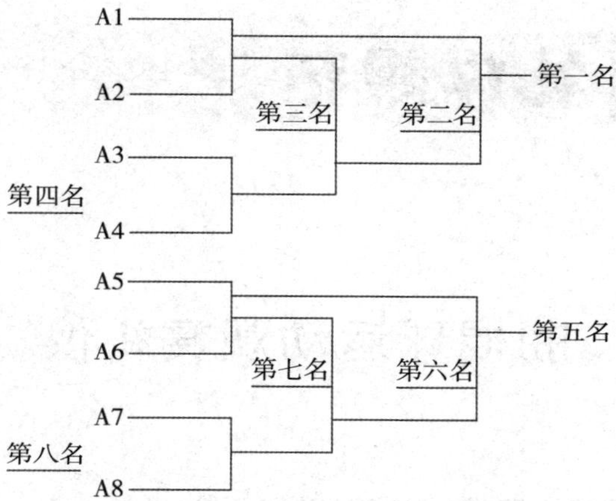

（2）分组循环后的佩奇制决赛的名次排定（前八名）。

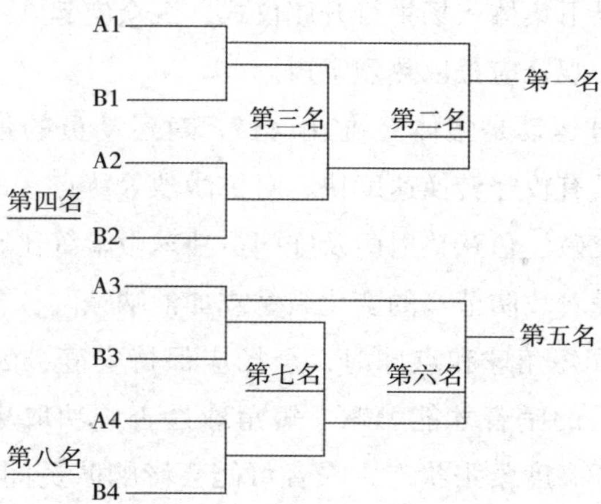

PART 10 礼仪规范

曲棍球运动观赛礼仪

在欣赏曲棍球比赛时，应该注意以下几点：

（1）观看曲棍球比赛，观众应提前入场并在观众席就座。运动员在裁判员的引导下集体入场举行升旗仪式，观众应起立致敬。介绍裁判员、运动员时，观众应报以热烈掌声。

（2）曲棍球运动是集体对抗性项目，对运动员的各种竞技能力要求很高，比赛具有攻守转换速度快、对抗激烈等特点。进攻队员各种传球配合、快速突破、鱼跃垫射门及守门员扑球救险等比赛精彩场面赏心悦目，观众可随着攻防节奏的变化鼓掌或加油呐喊。

（3）在判罚短角球和点球时，全场应保持安静，因为这两种罚球都要听到裁判员的哨音才能触球。短角球是否成功取决于技、战术配合，双方都处于高度紧张状态，噪音可能会影响队员间的交流和发挥。点球则是守门员和发球队员间的斗智斗勇，保持安静可以使运动员集中注意力更好地发挥水平。

（4）比赛期间所有人员禁止吸烟，手机要关机或设置在振动、静音状态。比赛结束后，应该遵守秩序，依次排队退出观赛席，以免发生危险。

垒球运动的礼仪规范

垒球运动员参赛礼仪

队友相互团结

队友间应该相互支持，相互团结，切忌跋扈或者耍大牌。遇有争执，切忌动粗互殴，应该礼让尊重有经验的长者。比赛的成功或失败都是集体的荣誉，团体的利益高于自己。

服从教练的指导

比赛时球员应服从教练的指导，资深的明星球员不可倚仗自己的能力而藐视教练。对于球场上的管理制度，所有球员都要以理性的态度与教练组沟通。对教练的质疑应通过正规渠道向上级反映。

严守垒球比赛规则

比赛时不得以小动作干扰对方，更不可以陷害的方式暗算对方，不得与人发生争吵甚至打架的行为。没有比赛的运动员不得进入比赛场地。

尊重裁判判罚

遵守裁判的执法，对裁判的异议提出合理的质疑，不得做无礼的表示。所有参赛者均应尊重赛程与规则，不应在赛场内争执。比赛结束后主动与裁判握手表示感谢。

面对观众喝彩应该保持平常心

比赛时如果观众喝倒彩，不宜有厌恶或不友善的表示，应该全心参赛。面对观众的支持应该表示感谢。运动员在比赛中应该保持冷静，不要受到外界因素的干扰。

友谊第一，比赛第二

赛前赛后务必要记得互相致礼，通常为握手礼。比赛结束以后要恭贺对方的优异表现，也要尊重别人的权益。

比赛会分出胜负，但是不要把对手当作敌人。对方胜利，要真心道贺。己方胜利，对手道贺时应该答谢。

垒球运动观赛礼仪

遵守比赛场馆规则

赛前观众应提前入场，并配合场馆工作人员完成安全检查工作。进入观众席后，对号入座。在举行场地工作人员、裁判员、双方队员集体入场仪式时，观众应给予热烈的掌声。在双方队员进行准备活动时，如果球飞到看台上，观众应主动将球交给捡球员，而不是将球直接扔向场内。在介绍裁判员、运动员、教练员时，观众应报以热烈的掌声。对于有主队参加的比赛，要对客队报以同样热烈的掌声。

为双方运动员创造友好的比赛氛围

将手机关机或者调到静音、振动状态。照相尽量不要开闪光灯。观看比赛时，观众应既有激情，又不失理智。要以欣赏比赛过程为主，保持良好的心态，不要过分看重比赛胜负。要为双方运动员加油助威，为双方运动员创造友好的比赛气氛。特别是在投球和击球的时刻，最好不要发出声响，在球被击出之后，观众便可以尽情地为队员的精彩表现喝彩。

做文明的观众

观众应尽量配合现场主持人，为双方队员加油，积极参与现场观众制造的人浪。观众应以热烈的掌声和欢呼回报局间拉拉队的助兴表演。观众一定要注意不能采取过激的行为，如抛掷物品、不文明语言、有侮辱性表示的手势等。

观众应尊重裁判员，善待客队的支持者，避免引起球迷间的冲突。

比赛结束后，观众应起立为运动员精彩的表现鼓掌，并按照现场主持人和工作人员提示有序地离开观众席。

PART 11 明星花絮

曲棍球明星花絮

巴基斯坦球星沙巴兹·艾哈迈法

巴基斯坦国家队队员，自幼酷爱曲棍球运动，曾代表巴基斯坦少年队、青年队和国家队参加国际比赛 138 场次，参加过 3 次奥运会和世界杯的曲棍球比赛。该队员基本功扎实，技术细腻，战术意识强，作风顽强，比赛经验丰富，临场威胁大，是一位得分手。

荷兰国家队领军人物弗洛依斯．简博兰达

荷兰国家队队员，左边锋，参加国际比赛 226 场次。身体素质全面，技术细腻，战术意识好，比赛经验丰富，曾参加两次奥运会、3 次世界杯比赛。

澳大利亚国家队守门员沃伦·比敏汉

澳大利亚国家队守门员，曾多次代表澳大利亚国家队参加奥运会和世界杯赛，并为该队立下了汗马功劳。沃伦·比敏汉参加国际比赛共 206 场次。

中国曲棍球的佼佼者杨红兵

杨红兵，1966 年出生于四川达县管村高寨村，从小就酷爱篮球。1978 年，12 岁的杨红兵虽然在读初一，但身高已近 1.60 米，她决意要去报考达县河市体校。和父母周旋了很久，终于得到了父母的支持。由于年龄尚小，生活不能自理，体校没有接收她。第二年，体校再次来管村招生，在进行体能、耐力测试时，杨红兵赤脚上阵，参加测试，并跑出了第一名。这一次，河市体校再也没有让这个体能尖子溜走。1980 年，由于她在河市体校进步较快，具有培养潜力，河市体校把她输送给了当时的达县地区业余体校。在地区业余体校期间，她后来居上，很快就被选入当时的达县地区篮球少年队，代表地区赴重庆等地参加比赛。

1981 年，当时达县地区召开田径运动会，本是学篮球的她，竟要求与同龄男队竞赛，在得到教练的许可后，她欣然参加了男子 100 米、200 米、400 米短跑，结果均获得了前几名。

1984 年 1 月，中国首支女子曲棍球队在达县体育场冬训，四川省体委和当时的达县地区体委决定，在达州组建四川女子曲棍球队。达县地区体委选派体校篮球教练藏跃跟随巴基斯坦籍教练学艺。随后，藏跃组建成立了四川女子曲棍球队，任教练。杨红兵就是 16 名队员中的佼佼者之一。

杨红兵进入四川女子曲棍球队后，由于运动天赋较高，综合素质好，很快适应了曲棍球这一项目，并担任队长。

这位中国第一代女曲的代表人物对曲棍球运动十分热爱。1993 年 12 月，怀孕 3 个月的她还在日本打比赛；1994 年 11 月，产后不到 4 个月的她便恢复了训练。因为是剖腹产，第一次练力量时，伤口令她举个空杠铃杆都困难，但她都坚持下来了。

在北京奥运会期间，杨红兵的时间安排得很紧凑，每天都要训练十多个小时，她告诉记者，中国女曲先后获得悉尼奥运会第五名、雅典奥运会第四名，北京奥运会又冲进四强，成绩来之不易。在中国，目前只有200多名女曲运动员；而在荷兰，这个数字是10万人。她相信在决赛中，中国女曲一定会越战越勇。

杨军是杨红兵的弟弟。在谈到姐姐杨红兵时，杨军说："我姐姐做事太认真了，是一个典型的默默做事的人，有时认真得令人难以想象。"杨军回忆说，1999年，为了备战悉尼奥运会，1998年八运会后就退役并担任四川女子曲棍球教练的杨红兵，毅然出山。为了一圆奥运梦想，她付出了比其他队员更多的辛劳。功夫不负有心人，中国女子曲棍球在当年奥运会上实现了既定的目标，杨红兵也在世界女曲界留下了盛名。

中国女子曲棍球队队长陈朝霞

1987年4月，12岁的陈朝霞被选入四川广汉市业余体校进行田径训练，当时教练李虹对她要求十分严格，如果没有按质按量完成训练任务，就算练到深夜，也要继续练下去。为了练爆发力和跳跃能力，陈朝霞就在体育场看台的台阶上跳，一次跳两格、跳三格……随着跳跃的台阶数越来越多，她的腿和膝盖经常被坚硬的台阶碰伤。可陈朝霞天生就有一种不服输的精神，哭过之后咬咬牙继续练习。

1990年，省女子曲棍球队教练孔庆吉到广汉选拔人才，当时推荐的两名队员中，并没有陈朝霞。教练李虹把陈朝霞推荐给他，说陈朝霞的优势或许现在还没有表现出来，但她那种不怕苦、不怕累的精神，是很多队员所缺乏的，只有愿意刻苦训练的人才能获得最后的成功。在省队训练的6年时间里，陈朝霞不急不躁，不怕辛苦，扎实练好基本功。

女子曲棍球队的"魔鬼"训练是常人无法估量的。早上6点起床，出早操，吃早饭。然后开始一上午的训练，中午吃饭，午休约1个小时。下午3点，又开始练习，直到晚上七八点才结束。回到宿舍，9点半必须上床睡觉。没有周末，每天就这样重复训练。

1996年2月，陈朝霞入选国家女子曲棍球队。在主教练金昶伯的"魔鬼训练"下，中国女子曲棍球队开始在国际体坛崭露头角。2002年，在韩国釜山举行的第十四届亚运会上，陈朝霞率领中国队获得女子曲棍球比赛冠军；同年，她们又获得女曲世界锦标赛冠军，成为继女排之后中国第二个球类集体项目的世界冠军；随后，在澳大利亚举行的第十届女子曲棍球世界杯上，女曲队员们克服连续征战带来的疲劳和伤病，战胜了奥运会冠军澳大利亚队，夺得铜牌，从而创造了从上届世界杯名次倒数第二跨越到正数第三的奇迹；2008 年奥运会，陈朝霞与队友一起获得历史上首枚银牌，标志着我国曲棍球运动站在世界前列。

垒球明星花絮

美国垒球队中的“王牌”投手珍妮·芬奇

美国队的投手珍妮·芬奇是世界上最好的投手之一，她的球球速快而富于变化，在场上常常给对手造成很大威胁。她曾经带领亚里桑那队打出 32 胜 0 负的成绩；两次荣获美国最佳垒球手，等等。

珍妮从小受父亲的影响，从 5 岁就开始学打垒球。为了提高女儿的球技，珍妮的父亲发明了一种叫做“芬奇风车”的训练设备，专门用来训练珍妮胳膊的力量和爆发力。随着女儿日后的成功，这种仪器现在已经闻名美国，深受垒球初学者的青睐。

在父亲的帮助下，珍妮的球技进步很快，逐渐成为美国垒坛上一颗闪亮的新星。进入亚利桑那州立大学后，珍妮担任球队的主力投手。2002 年，她带领球队以 60 连胜的战绩创下了全美大学体育协会的纪录，而珍妮穿的 27 号球衣也在她毕业后成为“专利”，被学校永久保留收藏。

进入国家队后，珍妮的投球技术日臻成熟，除了能够投出时速高达 112 公里的“激光球”外，她还拥有另外四种不同的投球方式，这也使她在面对世界顶级击球员时游刃有余，镇定自若，成为美国队防守体系的“灵魂”。珍妮曾帮助美国队两夺世锦赛和世界杯冠军，并在雅典奥运会上夺得金牌。

珍妮·芬奇在投球

除了出色的球技，珍妮美丽的外表和爽朗的笑容也打动了美国人。2003 年，珍妮击败网球美女库尔尼科娃，被著名的体育电视网（ESPN）评为“最惹火的女运动员”。ESPN 这样形容珍妮·芬奇：她有着与俄罗斯美少女一样的金色秀发，有着与俄罗斯美少女一样丰满诱人的身材，但她是美国人，而且身处每次奥运会都会给美国人带回金牌的垒球队。

为了能使球技不断得到突破，珍妮还经常和美国职业棒球联盟的男选手“过招”，这一强化训练不仅让她在场上更加自信，同时也让她收获了意外的幸福。2005 年，珍妮和自己通过打球相识的美国职棒选手凯西·戴格步入婚姻的殿堂。

作为一位著名的垒球手，珍妮也为这项运动带来了一些新鲜元素，比如她至今仍选择穿 27 号球衣，是因为她的父母在 27 岁时开始第一次约会；在每场比赛前，她会为自己的球衣喷上香水，并进行 27 分钟的热身，因为她认为这会给她带来好运；在场上比赛时，大多投手都会带垒球帽遮阳，但珍妮更愿意让自己的长发在风中飘逸。

“垒球梦之队”的领军人物莉萨·费尔南德斯

费尔南德斯是一位全能的垒球手，除了凭借出色的投球技术胜任球队的核心——投手外，她还可以出色地完成三垒手和内场手的防守职责。在 1996 年的亚特兰大奥运会上，当垒球首次成为奥运会的正式项目时，费尔南德斯作为投手和三垒手出战，带领美国队夺取首枚奥运金牌。

在随后的雅典和悉尼奥运会上，美国队连续卫冕成功。作为球队“灵魂”的费尔南德斯在收获自己第三枚奥运金牌的同时，也在奥运会历史上创造了惊人的59次“投杀”（投手通过投球使对方击球员三击不中而出局的防守行为）纪录，比第二名的47次高出12次，成为美国“垒球梦之队”当之无愧的领军人物。

除了在奥运赛场上有着优异的表现外，费尔南德斯还带领美国队三次夺得世界锦标赛冠军。在2000年备战悉尼奥运会的一场巡回赛中，费尔南德斯凭借着出色的投球技术，连续击退对方21名投手，不可思议地连续投出了5个“完美局”（对手五局内没有安打和得分），成为至今仍被垒球迷津津乐道的经典比赛。

在雅典奥运会后，以家庭为重的莉萨选择了退役，并在一年后幸福地品尝到了当妈妈的滋味。

在2007年，已经36岁的费尔南德斯做出了重返垒球场的决定。尽管3年没有参加比赛，凭借着丰富的经验和在俱乐部的不俗表现，费尔南德斯还是入选了美国集训队，开始了备战北京奥运会的全美巡回赛。

美国队主教练迈克·坎德雷在评价自己的这个爱徒时也表示，他特别希望费尔南德斯能够早日恢复到雅典奥运会时的状态，“她在我眼中始终是最好的运动员”。

日本天才投手上野由岐子

日本垒球队员上野由岐子的梦想就是成为一流投手，她走上垒球之路，源于对父亲的金牌的向往。

上野由岐子出生在日本福冈县。有一次，还没上幼儿园的上野由岐子偶然看见父亲上野正通在垒球比赛中获得的一枚金牌。小由岐子好奇地问：“爸爸，这是什么？真好看！”爸爸告诉她：“如果你努力的话，有一天也能得到属于你的金牌。”

在幼儿园长走活动中，上野由岐子得到了她人生中第一枚金牌，她特别开心，在第二年的比赛中更是拼尽全力，再次获得第一名。上了小学，上野由岐子把“作为一名马拉松选手参加奥运会”当作自己的梦想。小学三年级时，她在家附近练习跑步，备战马拉松比赛，被一名垒球教练看中。当时球队里只有男队员，教练却破例把上野由岐子带进球队训练。

这个怕黑、爱哭的温柔小姑娘，一旦站上投手的位置就像变了一个人。在家里，她常常面对墙壁练习投球。从父亲手里接过的手套只用了一年就变得破旧不堪。

初中三年级，上野由岐子所在的球队夺得了全国冠军。队友都激动得哭了，可上野却说：“这里并不是我的终点。”她的目标是成为“世界上最棒的投手”。

后来，上野由岐子考入九州女高。高二时，她作为最年轻的选手，获得了世界青少年锦标赛冠军。2001 年，她加入日立高崎垒球社，赢得了“新人王”的称号。

上野由岐子在比赛中投球

在 2004 年雅典奥运会上，上野由岐子共有 31 次将对手投杀出局，而自己的投手责任失分率则仅为 0. 46% 。

2008 年 8 月 21 日晚，北京丰台垒球场，奥运会女子垒球总决赛，日本女垒 3∶1 力克卫冕冠军美国女垒，夺得金牌！美国队获得银牌。

这是双方在本届奥运会上的第三次碰面，前两次对决，美国队都取得了胜利，但是，在上野由岐子等队友的出色表现下，日本队成为第一个淘汰美国队的强队，从此，终止了垒球运动美国队独霸天下的局面。

上野由岐子身高 1. 73 米，体重 72 公斤，看起来有些瘦瘦弱弱的，可是一旦来到赛场上，她却能够投出时速接近 120 公里的球。上野由岐子成了各队击球手们最为头疼的对手。

据说这个数据换算成棒球，甚至可以达到 160 公里/小时，这已经和世界上最好的棒球投手之一布拉德·潘尼的 163 公里/小时相差无几了。

PART 12 历史档案

曲棍球运动历史记录

历届奥运会曲棍球比赛前四名成绩（男子）

年份	举办地	金牌	银牌	铜牌	第四名
1908	伦敦	英国（英格兰）	英国（爱尔兰）	英国（苏格兰） 英国（威尔士）	
1912	斯德哥尔摩	不设该项目			
1920	安特卫普	英国	丹麦	比利时	法国
1924	巴黎	不设该项目			
1928	阿姆斯特丹	印度	荷兰	德国	比利时
1932	洛杉矶	印度	日本	美国	
1936	柏林	印度	德国	荷兰	法国
1948	伦敦	印度	英国	荷兰	巴基斯坦
1952	赫尔辛基	印度	荷兰	英国	巴基斯坦
1956	墨尔本	印度	巴基斯坦	德国联队	英国
1960	罗马	巴基斯坦	印度	西班牙	英国
1964	东京	印度	巴基斯坦	澳大利亚	西班牙
1968	墨西哥城	巴基斯坦	澳大利亚	印度	西德
1972	慕尼黑	西德	巴基斯坦	印度	荷兰

续表

年份	举办地	金牌	银牌	铜牌	第四名
1976	蒙特利尔	新西兰	澳大利亚	巴基斯坦	荷兰
1980	莫斯科	印度	西班牙	苏联	波兰
1984	洛杉矶	巴基斯坦	西德	英国	澳大利亚
1988	首尔	英国	西德	荷兰	澳大利亚
1992	巴塞罗那	德国	澳大利亚	巴基斯坦	荷兰
1996	亚特兰大	荷兰	西班牙	澳大利亚	德国
2000	悉尼	荷兰	韩国	澳大利亚	巴基斯坦
2004	雅典	澳大利亚	荷兰	德国	西班牙
2008	北京	德国	西班牙	澳大利亚	荷兰
2012	伦敦	德国	荷兰	澳大利亚	英国

历届奥运会曲棍球比赛前四名成绩（女子）

年份	主办地	金牌	银牌	铜牌	第四名
1980	莫斯科	津巴布韦	捷克斯洛伐克	苏联	印度
1984	洛杉矶	荷兰	西德	美国	澳大利亚
1988	首尔	澳大利亚	韩国	荷兰	英国
1992	巴塞罗那	西班牙	德国	英国	韩国
1996	亚特兰大	澳大利亚	韩国	荷兰	英国
2000	悉尼	澳大利亚	阿根廷	荷兰	西班牙
2004	雅典	德国	荷兰	阿根廷	中国
2008	北京	荷兰	中华人民共和国	阿根廷	德国
2012	伦敦	荷兰	阿根廷	英国	新西兰

男子曲棍球世界杯历届比赛前四名成绩

年份	主办国	冠军	亚军	季军	第四名
1971	西班牙 巴塞罗那	巴基斯坦 西班牙	印度	肯尼亚	
1973	荷兰 阿姆斯特尔芬	荷兰	印度	西德	巴基斯坦
1975	马来西亚 吉隆坡	印度	巴基斯坦	西德	马来西亚
1978	阿根廷 布宜诺斯艾利斯	巴基斯坦	荷兰	澳大利亚	西德
1982	印度孟买	巴基斯坦	西德	澳大利亚	荷兰
1986	英国伦敦	澳大利亚	英格兰	西德	苏联
1990	巴基斯坦 拉合尔	荷兰	巴基斯坦	澳大利亚	德国
1994	澳大利亚雪梨	巴基斯坦	荷兰	澳大利亚	德国
1998	荷兰乌德勒支	荷兰	西班牙	德国	澳大利亚
2002	马来西亚 吉隆坡	德国	澳大利亚	荷兰	韩国
2006	德国 门兴格拉德巴赫	德国	澳大利亚	西班牙	韩国
2010	印度新德里	澳大利亚	德国	荷兰	英格兰

女子曲棍球世界杯历届比赛前四名成绩

年份	主办国	冠军	亚军	季军	第四名
1974	法国芒代利 厄拉纳普尔	荷兰	阿根廷	西德	印度
1976	德国柏林	西德	阿根廷	荷兰	比利时

续表

年份	主办国	冠军	亚军	季军	第四名
1978	西班牙马德里	荷兰	西德	阿根廷 比利时	
1981	阿根廷布宜诺斯艾利斯	西德	荷兰	苏联	澳大利亚
1983	马来西亚吉隆坡	荷兰	加拿大	澳大利亚	西德
1986	荷兰阿姆斯特尔芬	荷兰	西德	加拿大	新西兰
1990	澳大利亚雪梨	荷兰	澳大利亚	韩国	英格兰
1994	爱尔兰都柏林	澳大利亚	阿根廷	美国	德国
1998	荷兰乌特勒支	澳大利亚	荷兰	德国	阿根廷
2002	澳大利亚伯斯	阿根廷	荷兰	中国	澳大利亚
2006	西班牙马德里	荷兰	澳大利亚	阿根廷	西班牙
2010	阿根廷罗萨里奥	阿根廷	荷兰	英格兰	德国

男子曲棍球亚运会历届比赛前四名成绩

年份	举办地	金牌	银牌	铜牌	第四名
1958	日本东京	巴基斯坦	印度	韩国	马来亚
1962	印尼雅加达	巴基斯坦	印度	马来亚	日本
1966	泰国曼谷	印度	巴基斯坦	日本	马来西亚
1970	泰国曼谷	巴基斯坦	印度	日本	马来西亚
1974	伊朗德黑兰	巴基斯坦	印度	马来西亚	日本
1978	泰国曼谷	巴基斯坦	印度	马来西亚	日本
1982	印度新德里	巴基斯坦	印度	马来西亚	日本
1986	韩国汉城	韩国	巴基斯坦	印度	马来西亚

续表

年份	举办地	金牌	银牌	铜牌	第四名
1990	中国北京	巴基斯坦	印度	马来西亚	日本
1994	日本广岛	韩国	印度	巴基斯坦	日本
1998	泰国曼谷	印度	韩国	巴基斯坦	日本
2002	韩国釜山	韩国	印度	马来西亚	巴基斯坦
2006	卡达杜哈	韩国	中国	巴基斯坦	日本
2010	中国广州	巴基斯坦	马来西亚	印度	韩国

女子曲棍球亚运会历届比赛前四名成绩

年份	举办地	金牌	银牌	铜牌	第四名
1982	印度新德里	印度	韩国	马来西亚	
1986	韩国汉城	韩国	日本	印度	
1990	中国北京	韩国	中国	日本	
1994	日本广岛	韩国	日本	中国	
1998	泰国曼谷	韩国	印度	中国	日本
2002	韩国釜山	中国	韩国	日本	印度
2006	卡达杜哈	中国	日本	印度	韩国
2010	中国广州	中国	韩国	日本	印度

垒球运动历史记录

奥林匹克运动会垒球比赛奖牌纪录

届数	金牌	银牌	铜牌
第二十六届 1996 年亚特兰大奥运会	美国	中国	澳大利亚
第二十七届 2000 年悉尼奥运会	美国	日本	澳大利亚

续表

届数	金牌	银牌	铜牌
第二十八届 2004 年雅典奥运会	美国	澳大利亚	日本
第二十九届 2008 年北京奥运会	日本	美国	澳大利亚

世界女子垒球锦标赛奖牌榜

年份	举办地	金牌	银牌	铜牌
1965	墨尔本	澳大利亚	美国	日本
1970	大阪市	日本	美国	菲律宾
1974	斯特拉特福德	美国	日本	澳大利亚
1978	圣萨尔瓦多	美国	加拿大	新西兰
1982	台北市	新西兰	中华台北	澳大利亚
1986	奥克兰	美国	中华人民共和国	新西兰
1990	诺默尔	美国	新西兰	中华人民共和国
1994	圣约翰斯	美国	中华人民共和国	中华台北
1998	富士宫市	美国	澳大利亚	日本
2002	萨克屯	美国	日本	中华台北
2006	北京市	美国	日本	澳大利亚
2010	卡拉卡斯	美国	日本	加拿大